Claudio Cristiani

Svegliate il mondo!

2

SOCIETÀ EDITRICE INTERNAZIONALE - TORINO

Coordinamento editoriale: Lia Ferrara
Progetto editoriale: Rosalba Maestro
Redazione: Rosalba Maestro
Coordinamento tecnico: Michele Pomponio
Progetto grafico: Rubber Band
Impaginazione: Garon - Cremona
Disegni: Michela Ameli - Glifo Design
Coordinamento multimediale: Nicola Prinetti
Redazione multimediale: Roberta Ricca
Copertina: Piergiuseppe Anselmo
Foto di copertina: Corbis

07478

Le immagini provengono dall'archivio SEI.
I brani biblici sono tratti dalla versione ufficiale a cura della CEI © 2008 *Fondazione di Religione Santi Francesco d'Assisi e Santa Caterina da Siena* per gentile concessione.

Traduzione dei termini in *Parole per vivere insieme* a cura di Alltrad s.a.s. di Daniela Panero & C. - Torino

C. Cristiani
Svegliate il mondo!
Volume per il secondo anno
Testo per l'IRC nella Scuola Secondaria di primo grado
Società Editrice Internazionale

Nulla osta della Conferenza Episcopale Italiana (Prot. N. 31/2015)
Roma, 26 gennaio 2015

✠**Angelo Card. Bagnasco**
Presidente

Imprimatur (Prot. N. 5/15)
Torino, 5 febbraio 2015

CURIA METROPOLITANA ARCIDIOCESI DI TORINO

mons. Valter Danna
Vicario Generale

AZIENDA CON SISTEMA DI GESTIONE QUALITÀ CERTIFICATO DA DNV GL = ISO 9001 =

Prima edizione: 2015

Ristampa

3 4 5 6 7 8 9 10

2018 2019

Per i BES è stato utilizzato il carattere:
EasyReading®
Font ad alta leggibilità, eccellente per i dislessici (Disturbo Specifico dell'Apprendimento – DSA), ottimo per tutti.

Stampa: Bona S.p.A – Torino

Il tuo libro è anche un **eBook+**

in forma **digitale interattiva**

Scarica e attiva, è facile!

Segui le istruzioni che trovi sul sito della casa editrice, alla pagina **www.seieditrice.com/libri-digitali**

Studiare è più semplice con l'eBook+

Guarda, annota, sottolinea, evidenzia nel testo!

Con l'**eBook+** apprendi in modo **multimediale** e **interattivo**, attraverso contenuti audio, video e link a risorse multimediali: insomma, in modo **coinvolgente** e **divertente**.

Ascolta, scopri i link, gli approfondimenti e salva il tuo lavoro

Una volta scaricato sul tuo dispositivo, che potrà essere un PC fisso o portatile, un netbook o un tablet, il tuo libro digitale interattivo potrà essere utilizzato anche **in assenza di connessione alla rete**.

Tutte le tue operazioni le potrai ritrovare semplicemente **sincronizzando** i diversi dispositivi.

Sempre connesso alla classe con l'eBook+

Condividi con i tuoi compagni e il docente

Vai sul sito SEI all'indirizzo **www.seieditrice.com/on**: troverai tutte le indicazioni per conoscere e utilizzare in modo facile un ambiente didattico digitale, dove sono disponibili **i tuoi libri, i tuoi appunti e le risorse selezionate e messe a disposizione dal tuo insegnante**.

Usa le icone

- Audio
- Video
- Galleria di immagini
- Esercizi interattivi
- Materiali interattivi e proiettabili
- Download
- Approfondimenti
- Documenti
- Link interni al volume
- Link esterni al volume
- Zoom

INDICE

SEZIONE 6

DA GESÙ ALLA CHIESA

Lezione 5 La Chiesa di papa Francesco

SEZIONE 6

DA GESÙ ALLA CHIESA

Lezioni

1 "*Andate in tutto il mondo*": nasce la Chiesa

2 Chiesa, storia e salvezza

3 "*Guardate come si amano*": i primi cristiani

Il battesimo e la confermazione

4 La Chiesa si organizza

L'ordine

5 Una Chiesa universale

6 Paolo: il Vangelo annunciato al mondo

ESPERIENZE A CONFRONTO
Essere comunità

COMPETENZE IN AZIONE
Aiutiamo le missioni

Obiettivi

- Conoscere la Chiesa come realtà voluta da Dio, fondata da Cristo, ricolmata di tutti quei doni del suo fondatore, articolata secondo carismi e ministeri, vivificata dallo Spirito.
  DIO E L'UOMO
- Comprendere alcune categorie fondamentali della fede cristiana.
  DIO E L'UOMO
- Comprendere il significato fondamentale dei simboli religiosi, delle celebrazioni liturgiche e dei sacramenti della Chiesa.
  IL LINGUAGGIO RELIGIOSO
- Riconoscere il messaggio cristiano nella nostra cultura.
  LA BIBBIA E LE ALTRE FONTI

Competenze

- L'alunno individua a partire dalla Bibbia le tappe essenziali e i dati oggettivi della storia della salvezza a partire dal cristianesimo delle origini.
- Ricostruisce gli elementi fondamentali della storia della Chiesa e li confronta con le vicende contestuali della storia civile elaborando criteri per avviarne un'interpretazione consapevole.
- Riconosce i linguaggi espressivi della fede.

Hai mai provato il desiderio di annunciare a tutti una cosa che ritenevi importante e bella?

LEZIONE 1

AUDIOLETTURA

"ANDATE IN TUTTO IL MONDO": NASCE LA CHIESA

La Buona Notizia affidata agli apostoli

I Vangeli narrano gli eventi accaduti nella settimana immediatamente successiva alla risurrezione di Gesù e non vanno oltre. Si tratta di **incontri** con il Risorto che hanno per protagonisti gli apostoli e poche altre persone, come Maria Maddalena e i discepoli di Emmaus.
Matteo e Marco concludono i loro Vangeli con il breve racconto dell'**ascensione**, cioè del ritorno di Gesù al Padre: un fatto che serve a spiegare la **fine delle apparizioni**, oltre a dire il **compimento della missione** sulla terra del Figlio di Dio, quaranta giorni dopo la risurrezione.
Più spazio, invece, viene dato al mandato affidato agli apostoli di predicare il Vangelo in tutto il mondo:

> Alla fine apparve anche agli Undici, mentre erano a tavola, e [...] disse loro: "Andate in tutto il mondo e proclamate il Vangelo a ogni creatura". [...]
> Il Signore Gesù, dopo aver parlato con loro, fu elevato in cielo e sedette alla destra di Dio.
> Allora essi partirono e predicarono dappertutto, mentre il Signore agiva insieme con loro e confermava la Parola con i segni che la accompagnavano.
>
> Mc 16, 14-15.19-20

Lessico

Ascensione
Significa "salire in alto". Secondo gli antichi il cielo era il luogo di Dio, perciò il ritorno di Gesù presso Dio è espresso con il verbo "innalzarsi".

Gesù affida agli apostoli la predicazione del Vangelo

Gli apostoli iniziarono a **predicare** il Vangelo prima in Palestina e poi in tutto il mondo allora conosciuto, fondando ovunque **comunità** di persone che credevano in Gesù.

Diego Rodriguez De Silva y Velazquez, *Cena in Emmaus*, 1620 circa; New York, Metropolitan Museum of Art.

Gli scritti delle prime comunità

La storia delle prime comunità cristiane è narrata negli altri scritti del **Nuovo Testamento**:

- gli **Atti degli Apostoli**, dell'evangelista Luca;
- le **21 lettere**, attribuite ad alcuni apostoli e a san Paolo, anch'egli considerato un apostolo, e **indirizzate ai credenti sparsi ovunque**;
- il libro dell'**Apocalisse**, scritto dall'apostolo Giovanni, che, attraverso il linguaggio dei simboli e delle immagini, costituisce una **riflessione** sulla **vicenda storica di Gesù e sul destino che aspetta la comunità dei credenti e ogni singolo fedele**.

si formano le prime comunità cristiane

Atti degli apostoli	
Atti degli apostoli	At
Lettere di Paolo	
Romani	Rm
Prima e Seconda Lettera ai Corinti	1 e 2 Corinti
Galati	Gal
Efesini	Ef
Filippesi	Fil
Colossesi	Col
Prima e Seconda Lettera ai Tessalonicesi	1 e 2 Ts
Prima e Seconda Lettera a Timoteo	1 e 2 Tm
Tito	Tt
Filemone	Fm
Lettera agli ebrei	
Ebrei	Eb
Lettere cattoliche	
Giacomo	Gc
Prima e Seconda Lettera di Pietro	1 e 2 Pt
Prima, Seconda e Terza Lettera di Giovanni	1, 2 e 3 Gv
Giuda	Gd
Apocalisse	
Apocalisse	Ap

La storia oggi
La Cappella dell'Ascensione, sul Monte degli Ulivi, ricorda il luogo dal quale Gesù ascese al cielo.

L'Apocalisse è considerato il libro che **conclude la rivelazione**: dopo di esso nessun altro scritto è più stato considerato "ispirato".

Interpretare e riflettere sul messaggio di Gesù

Il libro degli Atti degli Apostoli, oltre a narrare i fatti, ne offre anche un'**interpretazione** tesa a mostrare come Gesù continui a vivere fra i credenti, realizzando la promessa "*io sono con voi tutti i giorni, fino alla fine del mondo*" (Mt 28, 20).

la riflessione sul messaggio di Gesù

Le lettere apostoliche sono anch'esse frutto della **riflessione delle prime comunità cristiane**, tanto che a volte l'attribuzione a un apostolo piuttosto che a un altro non è certissima, perché si tratta di testi scritti grazie all'impegno di molte persone. Sono però preziosissime per capire in che modo, sin dal suo sorgere, il cristianesimo **si è sforzato di rendersi comprensibile** a persone e popoli di cultura diversa da quella ebraica. Un gruppo di lettere, scritte dagli apostoli Giacomo, Pietro, Giovanni e Giuda, sono dette "**cattoliche**", appunto perché non indirizzate a una comunità in particolare, ma ai credenti sparsi in tutto il mondo.

Lessico

Cattoliche
Dal greco *katholikós*, il termine cattolico significa "universale", cioè che è aperto a tutti.

GUIDA allo studio

Qual è la missione che Gesù affida gli apostoli?
Con la risposta corretta completa il primo tassello della mappa a p. 40.

- ☐ Rimanere sempre uniti
- ☐ Diffondere il Vangelo
- ☐ Scrivere gli Atti degli apostoli
- ☐ Non abbandonare Gerusalemme

LEZIONE 1

AUDIOLETTURA

Che cosa è accaduto dopo l'ascensione?

smarriti dopo l'ascensione

La fine delle apparizioni di Gesù, quaranta giorni dopo la risurrezione, lascia **disorientati** gli apostoli, gli altri discepoli e le donne che lo seguivano più da vicino. I Vangeli, come abbiamo visto, si concludono con la **missione di evangelizzazione** affidata da Gesù a persone che, nei giorni drammatici del suo arresto e della sua morte, se l'erano data a gambe lasciandolo solo! E non viene nemmeno riportata la loro reazione di fronte a questo incarico. Che cosa è accaduto dopo?

Mattia prende il posto di Giuda

gli apostoli si ritirano a pregare

Sono gli Atti degli Apostoli a raccontare i giorni immediatamente successivi all'ascensione, dicendo che, anziché partire per andare ad annunciare il Vangelo, gli apostoli **si chiudono in casa a pregare** e, probabilmente, a discutere fra loro per capire che cosa fare (At 1, 12-14).

In questo clima di preghiera, l'unica vera decisione che prendono, su iniziativa di Pietro, è quella di **sostituire Giuda Iscariota** (il quale, dopo aver tradito Gesù, si era pentito e si era tolto la vita impiccandosi, Mt 27, 3-5). Gli apostoli, quindi, ricostituiscono il gruppo dei Dodici aggiungendovi un discepolo di nome **Mattia** (At 1, 15-26).

Nascosti a pregare

cercando rifugio in Dio

Può sembrare singolare che, in un clima tanto tumultuoso e in pieno smarrimento, gli apostoli non compiano nessuna azione concreta, ma si limitino a pregare. Perché? Per comprendere questo loro atteggiamento, occorre capire il **senso della preghiera per chi è cristiano**.

Chi vive i valori cristiani, di fronte alle insicurezze e alle difficoltà dell'esistenza cerca rifugio in Dio, a cui si rivolge attraverso la preghiera. La preghiera per il cristiano è **un modo di porsi in relazione con Dio** come con un interlocutore benevolo e attento, giusto e onnipotente.

La preghiera per il credente è espressione di gratitudine e di **ringraziamento, invocazione di aiuto e di protezione, richiesta di perdono**. È Gesù stesso ad aver insegnato questa pratica ai suoi discepoli (Mt 6, 5-13 e Lc 11, 1-4). Gli Atti degli Apostoli riferiscono che dopo l'ascensione di Gesù, gli apostoli, insieme con Maria, erano "*perseveranti e concordi nella preghiera*".

La Pentecoste

grazie allo Spirito Santo gli apostoli cominciano la predicazione

Questa situazione di incertezza e di timore, vissuta nella preghiera e nel raccoglimento, si protrae per una decina di giorni, fino alla festa di **Pentecoste**, che nel calendario ebraico cadeva cinquanta giorni dopo la Pasqua. In quel giorno, tutto cambia. Gli Atti degli Apostoli raccontano che lo **Spirito Santo** scende sugli apostoli e questi, ormai **vinta ogni paura**, escono per le strade e incominciano a predicare (At 2, 1-6).
Tra tutti, spicca **Pietro**, il quale pronuncia un lungo discorso nel quale, riprendendo alcune profezie dell'Antico Testamento, annuncia a tutti che quel **Gesù** che molti dei presenti avevano visto crocifisso e morto, è risorto ed è il **Figlio di Dio**. La predicazione di Pietro riscuote un inaspettato successo, tanto che "*coloro che accolsero la sua parola furono battezzati e quel giorno furono aggiunte circa tremila persone*" (At 2, 41).

La Pentecoste, miniatura del XIII.

La Chiesa, frutto dello Spirito Santo

ha inizio la Chiesa

Dalla predicazione degli apostoli, dopo la Pentecoste inizia a costituirsi il primo nucleo di quella che diventerà la **Chiesa**. La Chiesa, dunque, appare come il primo **frutto del dono dello Spirito Santo**.
Gesù, chiamando a sé i **Dodici**, aveva costituito una **prima piccola comunità** di persone, allargatasi poi al più ampio gruppo dei discepoli. Dopo la sua morte, però, questo gruppo si era **disgregato** e solo in seguito alle apparizioni del Risorto gli apostoli si erano nuovamente incontrati intorno a lui. Ora, animati dallo Spirito Santo, essi hanno finalmente il **coraggio di iniziare a compiere la missione affidata loro da Gesù** e di andare per le strade ad annunciare il Vangelo.

Lessico

Pentecoste
In greco vuol dire "cinquantesimo (giorno)" ed è il nome di un'antica festa ebraica, celebrata sette settimane dopo la Pasqua, che ricorda la consegna della Legge a Mosè e la conclusione dell'alleanza sul monte Sinai.

Chiesa
Parola che deriva dal greco *ekklesía* e significa "assemblea": inizialmente indicava semplicemente la comunità dei credenti; in seguito passò a designare anche l'edificio in cui essi si riunivano.

GUIDA allo studio

Che cosa succede dopo Pentecoste? Indica se V vero o F falso e riporta le due risposte corrette, nell'ordine in cui compaiono, nel secondo e nel terzo tassello della mappa a p. 40.

- Gli apostoli rimangono in casa a pregare V F
- Solo Pietro esce a parlare con la gente V F
- Lo Spirito Santo infonde agli apostoli il coraggio di predicare il Vangelo V F
- Lo Spirito Santo insegna agli apostoli a pregare V F
- Gli apostoli decidono di sostituire Giuda con Mattia V F
- Nasce la prima comunità cristiana che diventerà la Chiesa voluta da Cristo V F
- La Chiesa si disgrega V F

rifletto e racconto la mia esperienza

L'IMPRONTA

Esiste a Gerusalemme, presso la Cappella dell'Ascensione eretta sul Monte degli Ulivi una pietra nella quale, secondo la tradizione, è rimasta impressa l'impronta dei piedi lasciata da Gesù nel momento in cui si staccò da terra per ascendere verso il cielo.
Al di là della veridicità di questa tradizione, quello che è importante sottolineare è che **Gesù ha lasciato un'impronta** non tanto nella pietra, quanto **nella vita dei suoi apostoli e di tutti coloro che hanno deciso di seguirlo**.

- La scoperta della storia di Gesù ha lasciato un'impronta dentro di te? Quale?
- Ci sono state persone che hanno lasciato un'impronta nella tua vita? Di chi si tratta? Quale tipo di impronta hanno lasciato?
- E tu? Quale impronta intendi lasciare nelle persone cui vuoi bene?

La storia oggi
L'interno della Cappella dell'Ascensione. In un ritaglio del pavimento sarebbe ancora visibile l'impronta del piede di Gesù.

discutiamo

GESÙ HA INSEGNATO A PREGARE

La preghiera cristiana si comprende solo se si guarda pregare Gesù. Gli evangelisti lo mostrano in preghiera in ogni momento importante della sua vita ed è vedendolo pregare che i suoi discepoli sentono la necessità di chiedergli di insegnare loro a pregare.

> *Gesù si trovava in un luogo a pregare; quando ebbe finito, uno dei suoi discepoli gli disse: "Signore, insegnaci a pregare, come anche Giovanni ha insegnato ai suoi discepoli". Ed egli disse loro: "Quando pregate, dite:*
> *Padre,*
> *sia santificato il tuo nome,*
> *venga il tuo regno;*
> *dacci ogni giorno il nostro pane quotidiano,*
> *e perdona a noi i nostri peccati,*
> *anche noi infatti perdoniamo a ogni*
> *nostro debitore,*
> *e non abbandonarci alla tentazione".*
>
> Lc 11, 1-4

L'insegnamento di Gesù rimanda all'esperienza "di sapersi figli di Dio" cioè riconoscersi creati e amati da Lui, consapevoli di dovergli tutto e al tempo stesso capaci di chiedere e di affidarsi a Lui. La preghiera fiduciosa di Gesù è il modello di ogni autentica preghiera cristiana.

- Umanamente la preghiera è un'esperienza che implica il riconoscimento dell'impossibilità di contare solo sulle proprie forze. Secondo voi, è un segno di debolezza chiedere aiuto? Oppure ci vogliono forza e maturità per riconoscere i propri limiti e affidarsi a un altro? Discutetene in classe.

siamo tutti speciali

IN QUANTE LINGUE CONOSCO IL PADRE NOSTRO?

SPAGNOLO

Padre nuestro, que estás en el cielo,
santificado sea tu Nombre,
venga tu reino,
hágase tu voluntad
en la tierra como en el cielo.
Da nos hoy nuestro pan de cada día,
perdona nuestras ofensas,
como tambien nosotros perdonamos
a los que nos ofenden,
no nos dejes caer en tentación,
y líbra nos del mal.

ITALIANO

Padre nostro che sei nei cieli,
sia santificato il tuo nome,
venga il tuo regno,
sia fatta la tua volontà
come in cielo così in terra.
Dacci oggi il nostro pane quotidiano,
e rimetti a noi i nostri debiti
come noi li rimettiamo ai nostri debitori,
e non ci indurre in tentazione,
ma liberaci dal male.

ROMENO

Tatăal nostru care eşsti în ceruri,
sfinţteascăa-se numele tăau,
vie împăarăaţtia ta,
facăa-se voia ta,
precum în cer aşsa şsi pe păamânt.
Pâinea noastrăa, cea de toate zilele,
dăa-ne-o nouăa astăazi;
şsi ne iartăa nouăa greşselile noastre,
precum şsi noi iertăam greşsiţtilor
noşstri,
şsi nu ne duce pe noi în ispităa,
ci ne mântuieşste de cel răau.

ARABO

أبانا الذي في السموات
ليتقدس اسمك،
ليأتي ملكوتك،
لتكن مشيئتك،
كما في السماء كذلك على الأرض،
اعطنا خبزنا كفاف يومنا،
واغفر لنا ذنوبنا و خطايانا،
كما نحن نغفر أيضاً لمن اخطأ وأساء الينا،
ولا تدخلنا في التجربة،
ولكن نجنا من الشرير.

CINESE

主 祷 文
我们在天上的父，
愿人都尊你的名为圣。
愿你的国降临。
愿你的旨意行在地上，
如同行在天上。
我们日用的饮食，
今日赐给我们。
免我们的债，
如同我们免了人的债。
不叫我们遇见试探，
救我们脱离凶恶。
因为国度、权柄、荣耀，
全是你的，
直到永远，阿们。

LE PREGHIERE DI GESÙ

Nei Vangeli sono ricordati diversi momenti nei quali Gesù si ritira a pregare da solo o con i suoi apostoli, per esempio:
- **nel Vangelo di Matteo**: in occasione della trasfigurazione (17, 1-9),
- **nel Vangelo di Marco**: nel Getsémani, prima di essere catturato (14, 32-42), sulla croce (15, 33-37)
- **nel Vangelo di Luca**: per quaranta giorni nel deserto (4, 1-13), prima di scegliere gli apostoli (6, 12-13), quando annuncia per la prima volta la sua morte (9, 18-22)
- **nel Vangelo di Giovanni**: prima di essere arrestato (17, 15-26)

LEZIONE 2

AUDIOLETTURA

CHIESA, STORIA E SALVEZZA

La Chiesa, presenza di Gesù nel tempo

Il **cristianesimo** è una religione profondamente radicata nella **storia**. Dio stesso, facendosi uomo in **Gesù**, ha scelto di **entrare nel tempo dell'uomo** e di vivere fino in fondo questa dimensione. Dopo la sua morte e la sua risurrezione, Gesù continua a essere presente nel tempo attraverso la sua **Chiesa**, cioè attraverso la comunità formata da coloro che credono in lui.

La Chiesa è una **realtà storica**, vive nel tempo e nello spazio. Contemporaneamente, però, è anche una **realtà divina**, non solo perché è stata fondata da Gesù, ma soprattutto perché attraverso di essa **Cristo stesso continua a operare la salvezza per ogni uomo** nel tempo. Per questo è importante sapere come è nata, qual è la sua storia e come vive nel presente.

la Chiesa è una realtà storica e divina

La Chiesa, luogo dell'incontro con Gesù

Quella della Chiesa è una storia molto lunga, iniziata con la **formazione delle prime comunità di cristiani** e proseguita, come vedremo, per duemila anni. Duemila anni durante i quali la Chiesa ha cercato e saputo mantenersi **fedele a Dio**, nonostante non siano mancate le **cadute**. Ma gli eventuali errori non possono diventare un motivo per rifiutare la Chiesa stessa, o addirittura il messaggio di Gesù che essa annuncia.

La Chiesa è fatta di uomini e quindi risente degli **sbagli** che, per loro natura, gli esseri umani possono compiere. Essenziale è piuttosto valorizzare quello che, nel corso dei secoli, non è mai venuto meno e non può cambiare: l'**autenticità del Vangelo** che essa trasmette e la sua funzione di favorire l'**incontro di ogni uomo con la persona di Gesù**. Per questo, il tempo che ciascuno vive, nella storia, è il tempo nel quale si realizza la sua salvezza, attraverso le scelte che compie e che esprimono la sua adesione all'invito che Gesù continua a rivolgere a tutti: *"Vieni! Seguimi!"*.

La Chiesa ripropone incessantemente l'annuncio della salvezza attraverso il dispiegarsi dell'**anno liturgico** (vedi p. 14): un tempo nel quale ogni credente è chiamato non solo a ricordare, ma anche a rivivere in prima persona gli eventi della vita di Gesù e della comunità cristiana. Ogni anno, i cristiani hanno perciò l'occasione di **ripercorrere e rivivere** in maniera sempre più consapevole e profonda la storia della salvezza.

l'anno liturgico ripercorre la storia della salvezza

Un momento della Santa Messa: la Liturgia della Parola.

Lessico

Liturgia
Dal greco *leitourghía*, "opera" pubblica", è l'insieme dei riti, delle preghiere, degli atti di culto che sono rivolti a Dio. I periodi dedicati al culto sono disposti ordinatamente lungo l'arco dell'anno (vedi p. 14).

L'animazione della Messa nella chiesa di San Benedetto Abate a Torino.

La Chiesa, segno e strumento della salvezza

Dunque la Chiesa è, nel nostro tempo come in ogni tempo, il segno visibile della volontà di Gesù di continuare a operare la salvezza dell'uomo ed è essa stessa strumento del quale egli si serve per attuare questa salvezza. Quando parliamo di **salvezza**, intendiamo il **rapporto di unione con Dio** al quale ogni essere umano è destinato. Gesù, con la propria morte e risurrezione, ha rimosso tutti gli ostacoli che impediscono all'uomo di realizzare questo incontro, offrendo a tutti la possibilità di **vivere in comunione con Dio**.

la proposta di salvezza è rinnovata

Ciascuno ha la possibilità di accogliere o rifiutare la **proposta di salvezza** rivolta a tutti da Gesù e che nel tempo presente viene continuamente **rinnovata attraverso la Chiesa** mediante:

- l'annuncio della **Parola di Dio**;
- i **sacramenti** che, come vedremo nelle prossime pagine, sono segni concreti ed efficaci della salvezza operata da Gesù con la sua morte e la sua risurrezione;
- l'**insegnamento del Papa e dei vescovi**, successori degli apostoli, che costituisce il **Magistero**.

La Chiesa, pur nella sua dimensione concreta e umana, **continua l'opera di Gesù** e in questo sta la sua dimensione profondamente **spirituale**.

Lessico

Sacramenti
Il termine sacramento deriva dal latino *sacramentum*, che anticamente indicava un giuramento o qualcosa che veniva dato come garanzia per qualcos'altro. Nel cristianesimo, questa parola è passata a indicare un gesto che garantisce la realizzazione, nel momento stesso in cui viene compiuto, di un evento teso alla salvezza della persona che ne è resa partecipe.

Magistero
Dal latino *magister*, "maestro", è la funzione esercitata dalla Chiesa che aiuta a meglio comprendere gli insegnamenti di Gesù e a orientare il comportamento dei fedeli.

GUIDA allo studio

La Chiesa rinnova la proposta di salvezza di Gesù con:

l'annuncio della PAROLA di Dio, i SACRAMENTI e il MAGISTERO

Completa la frase e poi riportala a completare il quarto tassello della mappa a p. 40.

AUDIOLETTURA

I sacramenti: segni efficaci della salvezza

Abbiamo detto che, nella vita della Chiesa e di ogni persona, la salvezza realizzata da Gesù con la sua morte e la sua risurrezione si rende attuale e concreta soprattutto attraverso alcuni segni, chiamati "**sacramenti**".
Fin dall'inizio della loro predicazione, gli apostoli e i discepoli di Gesù accompagnarono l'annuncio del Vangelo con **gesti e segni particolari**, ai quali era riconosciuto un valore molto grande. Gesti come l'**imposizione delle mani**, oppure l'uso dell'**acqua** o dell'**olio**, da sempre sono parte di riti ritenuti importanti per la vita dell'individuo e della comunità.

i sacramenti realizzano ciò che esprimono

I sacramenti sono perciò **segni efficaci della presenza e dell'azione di Dio**, in vista della salvezza. Questo significa che non si limitano a essere un richiamo o un'immagine di qualcosa di spirituale che si compie indipendentemente da essi. Nel momento in cui i sacramenti vengono amministrati, con le azioni e i mezzi concreti che li accompagnano, essi **realizzano immediatamente ciò che esprimono**.

Bozzetto per la Porta dei Sacramenti, una delle cinque porte attraverso le quali, oltrepassata la facciata principale, si entra nella **basilica di San Pietro**. È stata realizzata da Venanzo Crocetti e inaugurata da papa Paolo VI nel 1965.

I sacramenti della Chiesa

Nella Chiesa cattolica i sacramenti sono **sette**, stabiliti definitivamente durante il Concilio di Trento (vedi pp. 122-123).

- Tre sono i sacramenti dell'**iniziazione cristiana**, perché "iniziano", cioè introducono la persona nella comunità dei credenti: **battesimo**, **confermazione** ed **eucaristia**.
- Gli altri sacramenti accompagnano il credente nel cammino della sua vita di fede (**riconciliazione** e **unzione degli infermi**) o definiscono lo stato di vita particolare nel quale scelgono di seguire il Signore (**matrimonio** e **ordine sacro**).

In altre confessioni cristiane non tutti i sette sacramenti sono riconosciuti, anche se vi è accordo pressoché unanime nel ritenere indispensabili il battesimo e l'eucaristia.

Lessico

Imposizione delle mani
È un gesto molto antico, presente già nell'Antico Testamento, che indica il trasferimento su un'altra persona dell'autorità e del potere di chi impone le mani, benedicendo in nome di Dio.

I sacramenti: luogo dell'incontro personale con Dio

rafforzano il legame di ciascuno con Gesù

Ogni sacramento rappresenta un momento di incontro personale e concreto con Gesù, il quale attraverso di esso **si rende presente** e **agisce nella vita di chi lo riceve**, operando per lui quello che il sacramento esprime con il linguaggio dei gesti e con la forza della preghiera.
Quando riceve un sacramento, quindi, ogni credente deve essere consapevole che in quel momento si realizza per lui un **incontro reale con Gesù**, che interviene direttamente nella sua vita per aiutarlo e sostenerlo nel cammino che conduce alla salvezza.

Il legame con la Chiesa

e con la comunità

Anche se i sacramenti sono amministrati a singoli individui e realizzano un incontro intimo e personale con Dio, **tutta la comunità** è coinvolta e partecipa di questo evento. I sacramenti, infatti, vengono sempre celebrati all'interno di una comunità. Essi, quindi, aiutano a rafforzare non solo il legame tra il singolo credente e Gesù Cristo, ma anche la sua **appartenenza alla comunità dei credenti**, che è la Chiesa.

I sacramenti in una miniatura dal Messale di Reims, 1285-1297; Francia, Reims. In alto la Pentecoste e la Chiesa; in basso battesimo, matrimonio, ordine, eucarestia.

approfondiamo

LA SALVEZZA SI RINNOVA NEL TEMPO: L'ANNO LITURGICO

All'interno dell'anno liturgico si distinguono diversi periodi e spiccano alcune feste importanti:

- il tempo dell'**Avvento** (le quattro settimane che precedono il Natale), durante il quale si rivive l'attesa della nascita di Gesù e la venuta definitiva del Figlio di Dio;
- la festa del **Natale** segna la fine dell'attesa e il compimento della promessa della venuta del Messia;
- il **tempo del Natale**, durante il quale si medita sul mistero della nascita di Gesù, si conclude la domenica dopo la festa dell'**Epifania**, quando viene celebrata la festa del **Battesimo di Gesù**;
- la prima parte del cosiddetto "**tempo ordinario**" ricorda l'importanza della quotidianità: è il tempo in cui il credente accoglie il Vangelo nella vita di ogni giorno;
- il tempo della **Quaresima**, della durata di quaranta giorni, prepara a vivere gli eventi della morte e della risurrezione di Gesù e si conclude con le celebrazioni del **Triduo Pasquale** (Giovedì Santo, Venerdì Santo e Sabato Santo) nei quali si celebrano l'Ultima Cena e gli eventi che portarono alla morte di Gesù;
- la **Pasqua** è la festa più importante dell'anno liturgico, nella quale si celebra la risurrezione di Gesù;
- la gioia dell'annuncio della Pasqua si prolunga per un tempo di sette settimane (**tempo pasquale**) e si conclude con la festa di **Pentecoste**, nella quale si celebra la discesa dello Spirito Santo;
- segue poi un lungo periodo di **tempo ordinario**, che termina, prima dell'Avvento, con la festa di Cristo Re, nella quale si ricorda che Gesù è il signore del tempo e della vita di ogni uomo.

Nel corso dell'anno liturgico sono poi inserite numerose altre feste che ricordano la Madonna, i santi e i beati, cioè coloro che hanno realizzato nella propria storia personale l'incontro con Gesù.

In Italia ogni paese e ogni città celebra ogni anno la festa del Santo Patrono con festeggiamenti particolari. Una tradizione, religiosa e culturale, molto sentita che in ogni luogo ha la sua particolarità e che è un esempio dell'influenza del cristianesimo sull'organizzazione del tempo nella società occidentale.
Nell'immagine vediamo la **Macchina di Santa Rosa**, una torre in vetroresina alta 30 metri e del peso di 5 tonnellate illuminata da fiaccole e luci che viene trasportata a spalla da circa 100 facchini per le vie del centro storico di **Viterbo** la sera del 3 settembre, vigilia della **festa di Santa Rosa**.

dal dire al fare

LE FESTE

Qui di seguito vedi uno **schema dell'anno liturgico** e alcune fotografie. Associa ciascuna fotografia al periodo liturgico corrispondente, inserendo nello schema il numero relativo.

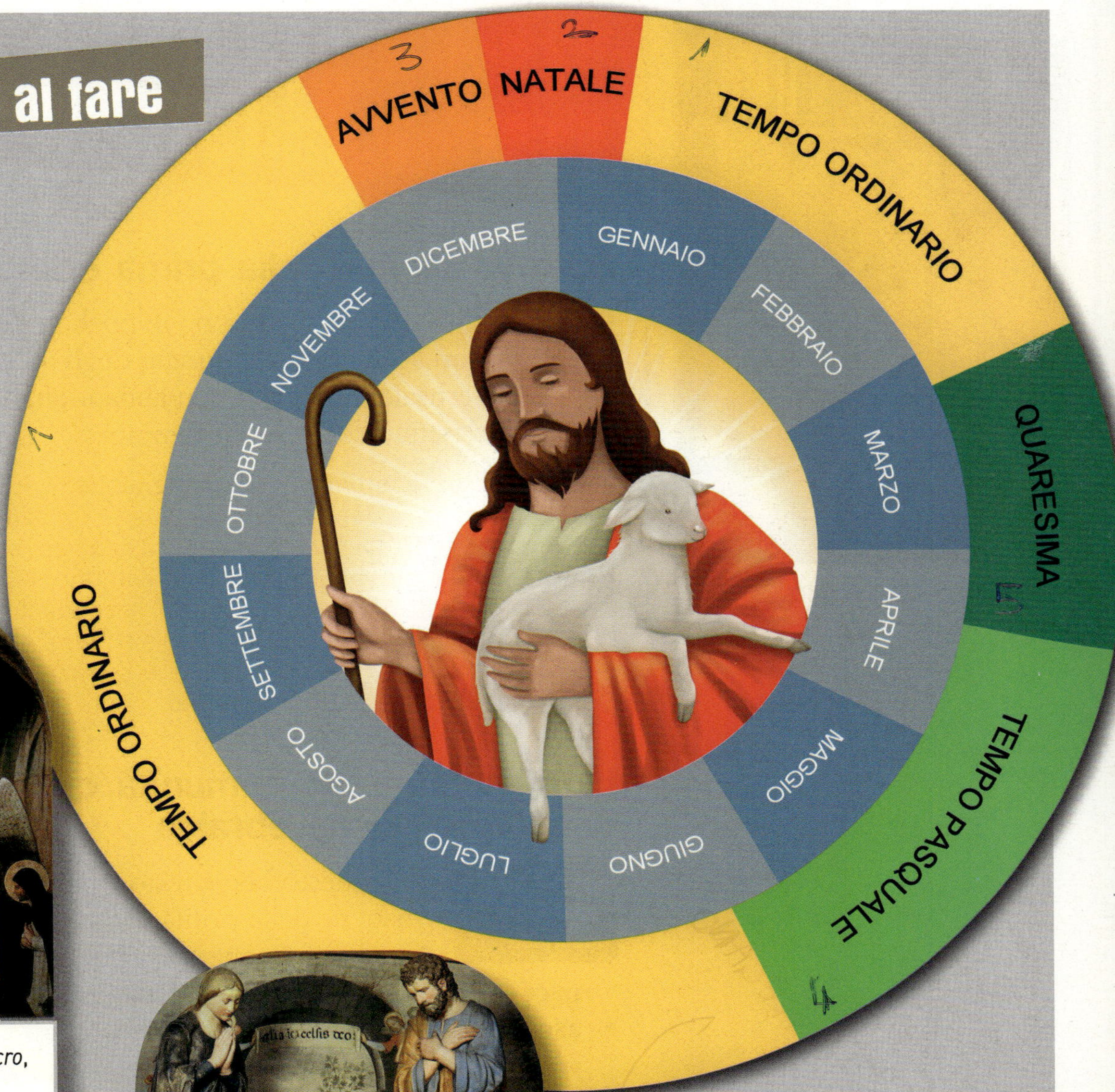

4

Beato Angelico, *Le Marie al sepolcro*, 1440-1447, Firenze, Museo del Convento di San Marco.

2

Luca della Robbia il Giovane, *Presepe*; Caldine, Convento di Santa Maddalena.

5

Crocifissione, icona della seconda metà del XVI secolo; Atene, Museo Nazionale bizantino e cristiano.

4

Vittore Crivelli, *La discesa dello Spirito Santo a Pentecoste*, XV secolo; Goirle (Olanda), Collezione Schalken.

1

Jovan Vasilevic, *Cristo in Trono*, particolare, 1745; Serbia, Monastero di Krusedeol.

LEZIONE 3

AUDIOLETTURA

"GUARDATE COME SI AMANO": I PRIMI CRISTIANI

Bravi! Anch'io voglio partecipare!

Lo stile di vita della prima comunità

Gli Atti degli Apostoli descrivono in poche righe lo **stile di vita** di coloro che per primi accolgono l'annuncio degli apostoli. Si tratta di ebrei che vivono a Gerusalemme e che non abbandonano le loro abitudini religiose, come la frequentazione del Tempio:

> Erano perseveranti nell'insegnamento degli apostoli e nella comunione, nello spezzare il pane e nelle preghiere. Un senso di timore era in tutti, e prodigi e segni avvenivano per opera degli apostoli. Tutti i credenti stavano insieme e avevano ogni cosa in comune; vendevano le loro proprietà e sostanze e le dividevano con tutti, secondo il bisogno di ciascuno. Ogni giorno erano perseveranti insieme nel Tempio e, spezzando il pane nelle case, prendevano cibo con letizia e semplicità di cuore, lodando Dio e godendo il favore di tutto il popolo.
>
> At 2, 42-47

L'originalità della comunità cristiana rispetto a quella ebraica

condivisione, preghiera, eucaristia

Da questo breve testo è possibile cogliere alcune caratteristiche della prima comunità cristiana:

- sono persone che vivono in un clima di **concordia** e di **pace** e **mettono in comune i loro beni** per condividere con i più bisognosi;
- **ascoltano l'insegnamento degli apostoli** e ne riconoscono l'autorevolezza, anche a motivo dei prodigi che compiono (gli Atti degli Apostoli riferiscono di diversi miracoli);
- **frequentano il Tempio** e non suscitano nessuna reazione negativa da parte del popolo, presso il quale, anzi, godono addirittura di simpatia;
- lo **spezzare il pane insieme** rimanda all'obbedienza al comando di Gesù nell'Ultima Cena: "*fate questo in memoria di me*"; infatti fin da subito è ritenuto importante "fare memoria" della morte e della risurrezione di Gesù con un rito che oggi identifichiamo con l'**eucaristia** (vedi pp. 116-117).

E PREGANO

Nella società contemporanea la solidarietà e lo spirito di condivisione animano molti giovani impegnati nelle attività di volontariato.

Lessico

Eucaristia
Dal greco *eucharistía* "gratitudine", "ringraziamento", nel cristianesimo questo termine indica il rito inaugurato da Gesù nell'Ultima Cena.

Antica rappresentazione del pranzo comunitario durante il quale si "spezzava il pane"; pittura murale nelle catacombe romane di Priscilla; III secolo d.C.

una comunità nuova

Pur continuando a essere fedeli alle pratiche religiose del popolo ebraico, dunque, i cristiani cominciano gradualmente a sentirsi una **comunità diversa da quella israelita** e a orientarsi verso uno stile di vita nuovo, modello per la Chiesa di ogni tempo. L'ingresso nella nuova comunità era segnato dal rito del **battesimo** (vedi pp. 22-23).

La condivisione e la solidarietà

l'amore fraterno

Gli Atti degli Apostoli insistono spesso nel sottolineare che i primi credenti **mettono in comune i loro beni e le loro proprietà**, quasi fosse una condizione indispensabile per essere cristiani:

> La moltitudine di coloro che erano diventati credenti aveva un cuor solo e un'anima sola e nessuno considerava sua proprietà quello che gli apparteneva, ma fra loro tutto era comune.
>
> At 4, 32

Per gli ebrei, la ricchezza personale era non solo indice di successo, ma anche un segno della benedizione di Dio. I cristiani dimostrano di comportarsi in modo diverso, mettendo in pratica le **Beatitudini** predicate da Gesù, tra le quali la prima è "*Beati voi, poveri*" (Lc 6, 20). La condivisione e la solidarietà, quindi, diventano fin da subito una delle basi sulle quali si fonda il cristianesimo.
Racconta **Tertulliano**, uno scrittore cristiano vissuto fra il II e il III secolo d.C., che i pagani erano colpiti dalla solidarietà che si mostravano fra loro i credenti e spesso erano portati a dire: "*Guardate come si amano*" (*Apologetico*, 39, 1-9)

Lessico

Battesimo
Il battesimo deriva il suo nome dal rito centrale con cui era celebrato anticamente (e ancora oggi presso gli ortodossi): l'immersione nell'acqua. La parola battesimo, infatti, deriva dal greco *baptismós*, che significa "immersione". In seguito, soprattutto in Occidente, è stato introdotto il battesimo per "aspersione", nel quale l'acqua viene versata sul capo del battezzato.

GUIDA allo studio

Quali, tra quelle elencate di seguito, erano le caratteristiche delle prime comunità? **Con le 5 risposte corrette completa il quinto tassello della mappa a p. 40.**

- ☐ Stesso abbigliamento
- ■ Amore fraterno
- ■ Condivisione dei beni
- ☐ Ricerca del successo
- ■ Insegnamento degli apostoli
- ■ Celebrazione dell'eucaristia
- ■ Ingresso segnato dal battesimo

approfondiamo

I TRADIMENTI DELLO SPIRITO DELLA COMUNITÀ

Tra i primi cristiani vi erano anche persone che **faticavano a condividere lo spirito della comunità**. Gli Atti degli Apostoli raccontano almeno due casi gravi, che riguardano la mancata condivisione dei beni e la presunzione di poter ottenere tutto con il denaro, persino i doni dello Spirito Santo.

- La prima trasgressione nei confronti della comunità riguarda due coniugi, **Anania e Saffira** (At 5, 1-11). Dopo avere venduto un campo di loro proprietà, i due trattengono per sé una parte del guadagno, fingendo di mettere tutto a disposizione degli apostoli. La punizione che li coglie è tremenda: entrambi cadono a terra morti.
- L'altro caso, forse ancora più grave, coinvolge un uomo dedito alla magia, chiamato **Simone Mago** (At 8, 9-24), il quale, dopo essersi convertito e avere visto i prodigi operati dagli apostoli, pretende di comprare con il suo denaro il potere di compiere i miracoli (dal suo nome deriva il termine "simonia" che indica il commercio di beni spirituali). Questa pretesa suscita la risposta sdegnata da parte di Pietro, che lo rimprovera in modo durissimo.

Jacobello del Fiore, *La Caduta di Simon Mago*, particolare di pala d'altare, XIV secolo; Denver, Art Museum.

dal dire al fare

LE AZIONI DEI PRIMI CRISTIANI

Nel brano tratto dagli Atti degli Apostoli (At 2,42-47) che hai letto a p. 16, è tracciato un ritratto delle prime comunità cristiane attraverso le azioni che compivano coloro che ne facevano parte.

A sinistra sono elencati i verbi che esprimono queste azioni, a destra i rispettivi complementi. Rileggi il testo e poi unisci con una linea ciascun verbo con il rispettivo complemento.

1	Erano perseveranti	a	Dio
2	segni avvenivano	b	nel Tempio
3	avevano	c	per opera degli apostoli
4	vendevano e dividevano con tutti	d	nell'insegnamento degli apostoli, nella comunione, nello spezzare il pane e nelle preghiere
5	erano perseveranti insieme	e	il pane
6	spezzavano	f	con letizia e semplicità di cuore
7	prendevano cibo	g	di tutto il popolo
8	lodavano	h	le loro proprietà e sostanze
9	godevano del favore	i	ogni cosa in comune

parole per vivere insieme

CONDIVISIONE

C'È CONDIVISIONE E... CONDIVISIONE

Ai giorni nostri **la parola condivisione** è **molto usata**. Tutti sembrano voler condividere tutto con tutti: si condividono informazioni, file, ma anche foto e opinioni in tempo reale. Facebook, Twitter, Instagram: sono tanti i ***social network*** nati e cresciuti intercettando il **bisogno di condividere** sempre più diffuso. Ma questo bisogno, secondo te, **ha qualche cosa in comune con lo spirito di condivisione** che anima la comunità cristiana fin dalle sue origini? La condivisione dovrebbe essere animata da **spirito di gratuità** (ciò che ho, l'ho ricevuto in dono da Dio e quindi lo metto gratuitamente e disposizione degli altri, che siano talenti, ricchezze, tempo ecc.) e dal **desiderio di sostenere e aiutare**. Ti sembra che ciò che accade nei *social* abbia queste caratteristiche? In quali diversi modi si può intendere la parola "condivisione"? Qual è. secondo te, il significato autentico?

Scrivi un elenco di sinonimi e di contrari oppure due brevi definizioni.

Ora confrontate e discutete quello che ciascuno di voi ha scritto.

ITALIANO	ROMENO	SPAGNOLO	ARABO	CINESE
Condivisione	Împărtășire	El compartir	المشاركة	分享

SEZIONE 6

ESPERIENZE A CONFRONTO

Essere comunità

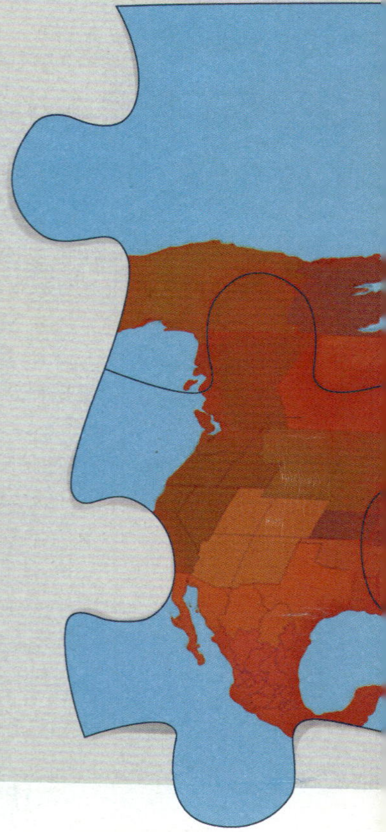

Quando pensiamo a un gruppo di amici, in genere non si usa il termine comunità. La parola "comunità", infatti, è impegnativa, suppone rapporti profondi, stabili, una condivisione vissuta di ideali e di valori. Dei primi cristiani gli Atti degli Apostoli dicono che costituivano una comunità: erano "un cuore solo e un'anima sola", mettevano in comune i loro beni, in modo che nessuno fosse nel bisogno. Erano una comunità non solo per il tipo di organizzazione, ma per lo spirito di condivisione e di affetto che regnava tra di loro.
Di una famiglia, per esempio, si può dire che è una piccola comunità; dei religiosi (monaci, suore ecc.) si dice che vivono "in comunità". Sarebbe bello poter dire che anche una classe è una comunità...

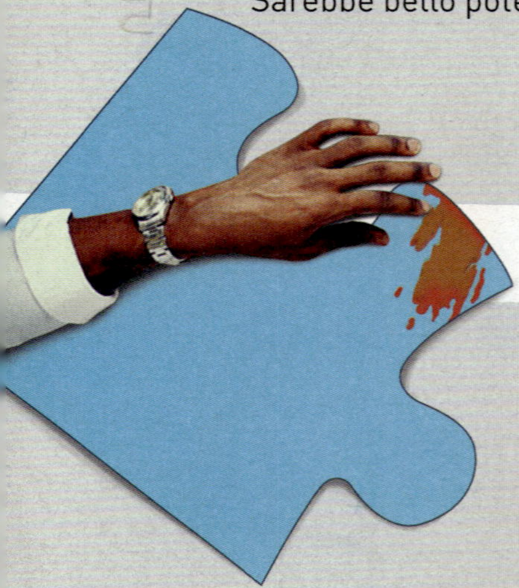

La comunità, oltre l'amicizia

Jean Vanier, nato in Canada nel 1928, ha fondato nel 1964 una comunità chiamata "L'Arca", per accogliere persone in difficoltà e soprattutto "ferite nella mente". La comunità creata da Vanier testimonia il potere trasformante dell'amore, della vulnerabilità, del perdono e della semplicità, qualità spirituali estremamente rare ai nostri giorni.
A volte si è portati a credere che per fare comunità serva essere amici, ma non è così. Servono soprattutto spirito di **condivisione**, **tolleranza**, **pazienza**... Scrive Jean Vanier nel suo libro intitolato *La comunità*:

> I due grandi pericoli di una comunità sono gli "amici" e i "nemici". Molto presto la gente che si somiglia si mette insieme; fa molto piacere stare accanto a qualcuno che ci piace, che ha le nostre stesse idee, lo stesso modo di concepire la vita, lo stesso tipo di umorismo. Ci si nutre l'uno dell'altro; ci si lusinga: "sei meraviglioso", "anche tu sei meraviglioso", "noi siamo meravigliosi perché siamo i furbi, gli intelligenti". Le amicizie umane possono cadere molto in fretta in un club di mediocri in cui ci si chiude gli uni sugli altri; ci si lusinga a vicenda e ci si fa credere di essere intelligenti...

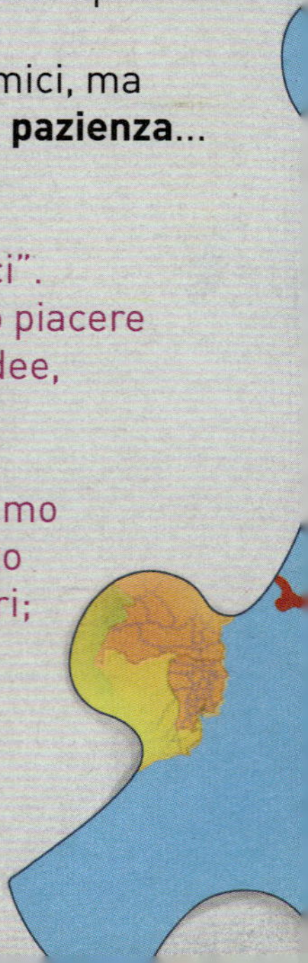

QUALE INSEGNAMENTO RICAVO?

- Quali sono le caratteristiche che siamo soliti attribuire a una comunità?
- Hai avuto modo di vivere esperienze di comunità?
- Di quale tipo di comunità ti piacerebbe far parte?
- Che cosa pensi di quello che dice Vanier a proposito dell'amicizia rispetto alla vita di comunità?

SEZIONE 6

AUDIOLETTURA

IL BATTESIMO E LA CONFERMAZIONE

Fonte battesimale, I-II secolo. Un mosaico ricopre sia il pavimento sia il fonte, i gradini servono per entrare e uscire dal fonte; Sbeitla, Tunisia.

Il battesimo

ingresso nella comunità cristiana

Il **battesimo** è il primo sacramento che una persona riceve e solo dopo essere stati battezzati è possibile accedere agli altri, in tempi che possono variare a seconda delle consuetudini delle diverse comunità e delle scelte personali. Con il battesimo si entra a far parte della **comunità cristiana**, intrecciando un **legame personale con Dio**. Ogni battezzato, infatti, viene **unito intimamente alla vita di Gesù** e perciò partecipa della **salvezza** che egli ha reso possibile con la sua morte ed è destinato, come lui, alla **risurrezione**.

Anche l'immersione nell'acqua (come avveniva anticamente), simboleggia non solo la **purificazione dai peccati**, e principalmente dal **peccato originale**, ma anche la **partecipazione alla morte e alla risurrezione di Gesù**, mediante le quali viene operata la salvezza. Entrare nell'acqua significa sprofondare nella morte di Gesù, dalla quale poi si riemerge come "**creatura nuova**", rinata a una nuova vita, esattamente come Gesù è uscito risorto dal sepolcro. La parola "battesimo", poi, oltre che con "immersione", può essere tradotta anche con "impregnarsi" e in questo senso può essere inteso come l'impregnarsi, il **riempirsi della vita stessa di Dio**.

L'incontro con Gesù

inizio del cammino di fede

Il battesimo è un segno concreto che testimonia la **presenza reale di Gesù** accanto alla persona che lo riceve e realizza un **incontro vero con lui**. Inoltre, con questo sacramento ha inizio un cammino di fede che il cristiano compie non da solo, ma sempre insieme alla **comunità nella quale Cristo continua a rendersi presente**.

Anche i gesti che, oltre all'aspersione o all'immersione nell'acqua, accompagnano il rito del battesimo, testimoniano la realtà dell'incontro con Gesù:

- l'**unzione con l'Olio dei catecumeni** (chi si prepara a ricevere il battesimo, fino a questo momento è detto, appunto, "catecumeno"), durante i riti preparatori, per simboleggiare la **forza** che si riceve dall'incontro con Cristo;

Lessico

Battesimo
Vedi p. 17.

Peccato originale
Tradizionalmente con questa espressione viene indicato il peccato commesso da Adamo ed Eva nel Paradiso Terrestre (Genesi 3, 1-7), inteso come volontà dell'uomo di allontanarsi da Dio. Cancellando questo peccato, che è all'origine di tutti i peccati, Dio rende possibile l'incontro con la sua creatura.

- l'**unzione con il Crisma** (l'olio usato anche per la consacrazione dei sacerdoti e, anticamente, per i re e i profeti), in un segno di croce tracciato sulla fronte del battezzato che sta a significare l'**unione profonda con Gesù**, che è il Cristo, l'"*Unto del Signore*";
- la **candela accesa al cero pasquale** indica l'incontro con il Cristo risorto e l'impegno a essere, insieme con lui, luce per il mondo;
- la **veste bianca** del battezzato simboleggia la novità della vita di chi, dopo avere incontrato Gesù, inizia con lui un cammino nuovo;
- il **rito dell'*effatà*** (parola aramaica che significa "apriti"), con il quale simbolicamente vengono aperte le orecchie e la bocca del battezzato, così che egli possa ascoltare la Parola di Dio, entrare in dialogo con lui e rendere partecipi anche gli altri di questo rapporto di fede.

Sacerdoti, re e profeti

Il battesimo riveste di una dignità particolare tutti coloro che lo ricevono. Il battezzato diventa, come Gesù:
- **sacerdote**, perché entra in prima persona in una dimensione di comunione profonda con Dio;
- **re**, perché insieme a Cristo prevale su tutto ciò che potrebbe opprimerlo e renderlo schiavo;
- **profeta**, perché porta a tutti il messaggio di Dio.

Confermati nella fede

conferma della scelta di fede

Il sacramento della **confermazione** (conosciuto anche con il nome di "**cresima**", perché anche in questo caso viene usato il Crisma), già dal nome dice la sua natura di una **conferma di quanto avvenuto nel battesimo**. L'accento, però, qui viene posto non sulla purificazione o sull'inizio di una nuova vita, quanto piuttosto sulla **continuazione di un percorso già intrapreso**, nel quale si riconferma che la persona è totalmente consacrata a Dio, attraverso l'azione dello Spirito Santo. Questo sacramento, infatti è strettamente legato al ricordo della Pentecoste (vedi pp. 6-7).

La consuetudine diffusasi ben presto nella Chiesa di battezzare i bambini appena nati offre alla confermazione anche il carattere di una **scelta di fede più matura**. Infatti, se nel battesimo erano i genitori, insieme con il padrino e la madrina, a compiere una scelta di fede a nome del bambino, con la confermazione è lo stesso battezzato, ormai alle soglie dell'adolescenza o addirittura già adulto, a compiere in maniera più consapevole la scelta, confermando la propria **volontà di seguire Gesù**.

GUIDA allo studio

Completa il testo scegliendo tra i termini elencati di seguito quelli corretti. **Poi riportali a completare il sesto tassello della mappa a p. 40.**

matrimonio – battesimo – confermazione – eucaristia – riconferma – modifica

Chi riceve il .... è purificato da tutti i peccati e inizia una nuova vita entrando a far parte della comunità cristiana. Con il sacramento della .... , si .... , appunto, la totale consacrazione a Dio attraverso l'azione dello Spirito Santo

LEZIONE 4

AUDIOLETTURA

LA CHIESA SI ORGANIZZA

La Chiesa è come una casa, ogni singola parte della struttura ha un ruolo importante che permette all'edificio di stare in piedi e di funzionare.

Le nuove esigenze delle comunità cristiane

gli apostoli fondano nuove comunità

Gli **apostoli** fondarono **molte comunità cristiane**, dapprima in Palestina e poi nei territori dell'Impero romano, ciascuna delle quali era designata con il nome di "**Chiesa**". Vi erano quindi la Chiesa di Gerusalemme, la Chiesa di Antiochia, la Chiesa di Alessandria ecc.

Dopo aver fondato una comunità, gli apostoli vi si fermavano per un certo periodo e poi riprendevano a viaggiare in altri luoghi per crearne di nuove. Essi, perciò, sentirono ben presto la necessità di lasciare in ogni comunità persone in grado di **proseguire la loro opera** e svolgere il servizio sacerdotale. Dovevano essere uomini dotati di una fede solida, ai quali trasmettere i doni **ricevuti direttamente da Gesù** (all'inizio, infatti, gli apostoli erano gli unici che potevano amministrare il battesimo e celebrare l'eucaristia) e l'incarico di **custodire i suoi insegnamenti**, predicando e vigilando sulla fede dei membri della comunità.

A servizio delle Chiese: vescovi, presbiteri e diaconi

che poi affidano ai vescovi

Gli apostoli scelsero all'interno di ogni comunità persone degne di prendere il loro posto nell'**amministrare i sacramenti** (vedi pp. 12-13) e nella predicazione. Inizialmente queste persone furono chiamate "**vescovi**" o "**presbiteri**" e ad esse vennero affiancati i **diaconi**, che si occupavano soprattutto dell'assistenza ai poveri e ai malati.

Verso la fine del I secolo il ruolo del vescovo si differenziò da quello del presbitero e incominciarono a delinearsi le **differenze gerarchiche** che

Frammento di mosaico con la testa di Pietro, 440-450 d.C.; Roma, Museo Nazionale Romano.

Lessico

Vescovi
La parola vescovo deriva dal greco *epískopos*, che significa letteralmente "sorvegliante", "custode". Con questo nome è indicato il capo della comunità cristiana, nella sua qualità di custode della fede delle persone che gli sono affidate.

Presbiteri
Con la parola presbitero, dal greco *presbýteros*, che significa letteralmente "il più anziano", viene anche oggi designato il sacerdote (o prete). Anche se non era (e non è) il più anziano della comunità per età, il presbiterio era generalmente una persona degna di molta considerazione, cui veniva affidato il compito di spiegare il Vangelo e guidare le celebrazioni religiose.

Diaconi
Il termine diacono deriva dal greco *diákonos*, "colui che sta a servizio". Inizialmente i diaconi erano coloro che si occupavano del servizio dei poveri. Oggi svolgono un compito di aiuto all'azione dei presbiteri e dei vescovi.

La diffusione del cristianesimo nel I secolo.

hanno caratterizzato fino a oggi l'organizzazione della Chiesa. Il **vescovo** divenne la persona designata come **successore degli apostoli**, posto a capo di una o più Chiese, all'interno delle quali i presbiteri e i diaconi continuavano a svolgere le proprie funzioni come suoi **collaboratori**.

I vescovi, superiori per dignità e autorità ai presbiteri e ai diaconi, iniziarono a godere di un **prestigio particolare** e ad assumere un ruolo molto importante come custodi della **dottrina cristiana**.

A partire dai primi secoli del cristianesimo, in tutto il mondo i vescovi sono posti alla **guida delle Chiese locali**, le **diocesi**, che amministrano attraverso la collaborazione dei sacerdoti operanti nelle diverse **parrocchie**.

L'importanza del vescovo di Roma

il primato del vescovo di Roma

Tra i molti vescovi che guidavano le diverse Chiese, particolare importanza acquistò il **vescovo di Roma**. Il primo a guidare la comunità della città di Roma, in quel momento capitale dell'Impero, infatti, fu l'apostolo **Pietro**, il quale fu investito di una **dignità superiore** a quella degli altri apostoli da Gesù stesso:

> E io a te dico: tu sei Pietro e su questa pietra edificherò la mia Chiesa e le potenze degli inferi non prevarranno su di essa. A te darò le chiavi del regno dei cieli: tutto ciò che legherai sulla terra sarà legato nei cieli, e tutto ciò che scioglierai sulla terra sarà sciolto nei cieli.
>
> Mt 16, 18-19

I vescovi di Roma, dunque, in quanto **successori di Pietro** (il "principe degli apostoli"), hanno sempre goduto di una **particolare dignità**. Durante i primi secoli della vita della Chiesa, l'autorità e il prestigio dei successori di Pietro sono andati crescendo, consolidando il loro primato su tutti gli altri vescovi.

A questo ruolo di **guida di tutta la Chiesa** rispondono anche i titoli che oggi sono attribuiti al vescovo di Roma, comunemente conosciuto con il nome di "**Papa**", termine che rimanda al suo ruolo di "**padre**", infatti egli è anche il "Padre dei Padri" (dove i "padri" sono i vescovi) e il "Padre dei poveri". Il Papa è anche indicato come "**pontefice**" (egli è "ponte" tra umano e divino), titolo derivato direttamente dalla tradizione romana che ne indica il prestigio particolare, ma è anche il "Servo dei servi", perché il suo è anzitutto un **primato nel servizio** reso a tutta la Chiesa.

Lessico

Dottrina cristiana
È l'insieme degli insegnamenti su cui si fonda la fede dei credenti e che deve essere trasmessa nella sua integrità, senza errori.

Papa
Termine derivante dal greco *pápas*, usato per indicare in modo confidenziale e affettuoso la figura del padre. Per un periodo il termine fu attribuito indistintamente ai vescovi, ma in seguito divenne esclusivo del vescovo di Roma.

GUIDA allo studio

A chi affidarono gli apostoli la guida delle comunità? Con la risposta corretta completa il settimo tassello della mappa a p. 40.

- ☐ Diaconi
- ☐ Papa
- ☐ Vescovi
- ☐ Nessuno

biografie in un tweet

PAPA FRANCESCO

Ti capiterà spesso di ascoltare le parole di papa Francesco, magari anche di leggere i suoi tweet.
Ma che cosa sai di lui e della sua vita?

- Cerca informazioni e scrivi una biografia del Papa in 160 caratteri, mettendo in risalto quelli che secondo te sono i fatti più importanti della sua vita. Cerca poi una foto che ti sembri particolarmente rappresentativa della sua persona e incollala nel riquadro, spiegando perché hai scelto proprio questa.

interpretiamo un'immagine

LA VITA DI PIETRO

Il suo nome era Simone, che Gesù stesso mutò in Cefa, in ebraico "pietra", da cui, appunto, Pietro. Non più giovanissimo quando fu chiamato a seguire Gesù, era sposato, forse padre di una figlia e lavorava come pescatore a Betsaida, sul mare di Galilea insieme con suo fratello Andrea. Gesù chiamò Pietro e Andrea mentre erano intenti a pescare e da quel momento Pietro accompagnò costantemente il Maestro. Il suo cammino, tuttavia, fu costellato da slanci e debolezze che rendono la sua figura particolarmente umana, ricca e sfaccettata. Per difendere Gesù, nell'orto del Getsemani, fu pronto a usare la spada, ma poco dopo lo rinnegò per ben tre volte, pentendosene poi amaramente. Camminò sul mare in burrasca incontro a Gesù, sorretto dalla fede, ma poi fu colto dal dubbio e sarebbe annegato se Gesù non gli avesse teso la mano. Tuttavia la sua fede fu così totale e incondizionata da valergli, da parte di Gesù, l'assegnazione del compito fondamentale di tutta la sua vita: *"Tu sei Pietro e su questa pietra edificherò la mia Chiesa"* (Mt 16,18). Queste parole sanciscono il primato di Pietro tra gli apostoli facendo di lui, fin dai primi secoli dell'era cristiana, uno dei santi più raffigurati nell'iconografia cristiana.

- Quale episodio della vita di Pietro è rappresentato nelle immagini qui a fianco? Leggi il testo del Vangelo indicato per ognuna di esse e poi associa le didascalie che seguono all'immagine corrispondente, aiutandoti con la breve descrizione dell'episodio narrato che accompagna ciascun dipinto.

1. Konrad Witz, *La pesca miracolosa*, 1443-1444; Ginevra, Museo di Arte e Storia.
2. Jean-Auguste-Dominique Ingres, *Gesù consegna a Pietro le chiavi del Paradiso*, 1820; Montauban, Musée Ingres.
3. Giotto, *La cattura di Cristo*, particolare, 1303-1305; Padova, Cappella degli Scrovegni.
4. Gerard Seghers, *Negazione di Pietro*, 1620-1625; Raleigh, North Carolina Museum of Art Foundation.

Matteo 14,25-32
Pietro si lancia sulle acque del lago per raggiungere Gesù, ma a poco a poco comincia a inabissarsi. Gesù scivola sulle acque verso Pietro, che senza il suo aiuto annegherebbe.

1

3

Giovanni 18,10
Pietro, con un coltello, taglia un orecchio a Malco, quando, nell'orto del Getsemani, gli inviati del Sinedrio circondano Gesù per catturarlo.

Matteo 16,13-19
Gesù consegna le chiavi direttamente nelle mani di Pietro, giustificandone il primato su cui si baserà nei secoli a venire tutta l'autorità papale.

2

4

Giovanni 18,25-27
Dopo l'arresto di Gesù, Pietro s'intrufola nel cortile della casa del sommo sacerdote, dove viene riconosciuto da una serva, che lo accusa di essere uno dei discepoli, ma egli giura di non avere niente a che fare con Gesù. La stessa cosa avviene una seconda volta nell'atrio della casa, e una terza volta, più tardi, alcune persone radunate intorno al fuoco lo riconoscono nuovamente come uno dei discepoli.

SEZIONE 6

AUDIOLETTURA

L'ORDINE

Papa Francesco durante la Messa per l'ordinazione di dieci nuovi sacerdoti li ha esortati a impegnarsi: *"partecipando alla missione di Cristo, Capo e Pastore, in comunione filiale con il vostro vescovo, – a unire i fedeli in un'unica famiglia per condurli a Dio Padre per mezzo di Cristo nello Spirito Santo"*.

Il sacerdozio ministeriale

Tutti i battezzati sono sacerdoti, come abbiamo detto parlando del battesimo (vedi p. 22). All'interno della Chiesa, però, vi è anche un particolare tipo di sacerdozio, detto "**ministeriale**", perché chi lo esercita diventa un "ministro" del culto, cioè ha la facoltà di amministrare i sacramenti. Il **sacerdozio ministeriale** è riservato agli uomini (le donne ne sono escluse) che ricevono il sacramento dell'**ordine** sacro. Pur essendo un unico sacramento, l'ordine prevede tre diversi gradi:

la facoltà di amministrare i sacramenti

- l'ordinazione **diaconale**, con la quale sono istituiti i diaconi (vedi p. 24);
- l'ordinazione **presbiterale**, o sacerdotale, con cui sono ordinati i presbiteri (vedi p. 24);
- l'ordinazione **episcopale**, o vescovile, che riguarda i vescovi (vedi p. 24).

È importante notare che l'ordine, come il battesimo e la confermazione, imprime un "**carattere**", cioè rimane valido sempre. Chi è sacerdote lo è **per sempre** perché, anche se nel corso della vita decide di abbandonare la propria missione, oppure, per motivi molto gravi, gli viene proibito di esercitare il suo ministero, tuttavia il sacramento che lo ha segnato **rimane indelebile**.

Lessico

Ordine
Nel Medioevo la parola *ordo* (da cui deriva "ordine") riguardava la suddivisione della società. Vescovi, sacerdoti e religiosi facevano parte dell'ordine degli ecclesiastici e ugualmente vi erano l'ordine dei cavalieri, quello degli aristocratici e quello che comprendeva i contadini, gli artigiani ecc. Con il tempo, il significato di questa parola è cambiato fino a indicare il sacramento dell'ordine e si parla di "ordine sacro".

Successione apostolica e gerarchia

ordine e gerarchia

I tre differenti gradi dell'ordinazione distinguono **funzioni diverse** all'interno della comunità, ma sottolineano anche una **gerarchia** che pone l'ordinazione episcopale al di sopra delle altre. Il **vescovo**, infatti è il **successore degli apostoli** e, come nella Chiesa delle origini

APPROFONDIAMO
- La gerarchia ecclesiastica
- Il celibato dei sacerdoti

Rivolgendosi ai sacerdoti, nell'omelia del 15 maggio 2013 durante la Messa alla casa Santa Marta, il Papa ha detto: *"un vescovo non è vescovo per se stesso, è per il popolo; e un prete non è prete per se stesso, è per il popolo: al servizio di, per far crescere, per pascolare il popolo, il gregge proprio, no? Per difenderlo dai lupi. è bello pensare questo!"*.

(vedi pp. 24-25), sacerdoti e diaconi sono suoi collaboratori nel ministero. La **pienezza del sacerdozio**, infatti, appartiene al vescovo, che ha la facoltà di ordinare i sacerdoti e i diaconi, i quali, si dice, "partecipano" del suo sacerdozio.
La **gerarchia** che esiste all'interno della Chiesa, quindi, ha il suo fondamento nel sacramento dell'ordine. Altri titoli (come quello di **cardinale** o anche di Papa) rimandano a **funzioni diverse**, ma non implicano un'ordinazione ulteriore. Persino il Pontefice, che pure ricopre un **ruolo** particolare, a livello sacramentale non è diverso da qualsiasi altro vescovo.

Lessico

Cardinale
Titolo che viene attribuito generalmente a vescovi che ricoprono particolari funzioni o sono titolari di diocesi molto importanti. La parola deriva dal latino e significa "cardine", perché i cardinali sono considerati i cardini su cui si regge la Chiesa. Ai cardinali, riuniti nel conclave, spetta il compito di eleggere il Pontefice.

Un sacramento per il servizio

spirito di servizio

Il sacramento dell'ordine è quello che più di tutti esprime la dimensione del **servizio** all'interno della Chiesa. Anch'esso ha il suo fondamento nell'evento dell'**Ultima Cena**, non solo a motivo dell'istituzione dell'eucaristia, che è strettamente legata alla funzione sacerdotale.
Sempre durante l'Ultima Cena, con il gesto della lavanda dei piedi, Gesù stesso ha espresso in maniera precisa quale deve essere lo **spirito di servizio** che accompagna la missione del sacerdote. L'**umiltà** e la **dedizione** devono essere il tratto caratteristico di chi si dispone a spendere la propria vita al servizio dei fratelli.

GUIDA allo studio

Ricostruisci la frase e riportala nell'ottavo tassello della mappa a p. 40.

la facoltà – che più esprime lo spirito di servizio – è quella – di amministrare i sacramenti. – Il sacramento dell'ordine conferisce – La missione del sacerdote

LEZIONE 5

AUDIOLETTURA

UNA CHIESA UNIVERSALE

Sono 2 miliardi i cristiani nel mondo. Ma allora il cristianesimo è la religione più numerosa e più diffusa?

I difficili rapporti con le autorità religiose ebraiche

l'ostilità dei capi religiosi ebrei

La vita della comunità cristiana di Gerusalemme, che inizialmente sembrava poter procedere serena, cominciò presto a suscitare la **diffidenza dei capi religiosi ebrei**. Gli Atti degli Apostoli, dopo avere detto che i cristiani godevano del "*favore di tutto il popolo*" (At 2, 47), passano quasi subito a narrare **l'arresto di Pietro e Giovanni** da parte del sinedrio. I due vengono arrestati dopo che Pietro ha compiuto un miracolo (il primo nel nome di Gesù), guarendo uno storpio (Atti 3, 1-10).
Una volta rilasciati, gli apostoli ricominciano a predicare e di nuovo viene detto che i credenti "*godevano di grande favore*" (At 4, 33). Poi però finiscono di nuovo in catene e ricondotti davanti al sinedrio.
Pare, insomma, che i primi cristiani di Gerusalemme fossero **ben accolti dal popolo**, ma **ostacolati dalle autorità religiose**.
Dopo la morte di Gesù, gli apostoli che proseguono la sua predicazione e, in più, compiono miracoli nel suo nome, diventano, per scribi e farisei, il **nuovo bersaglio da colpire**. Nonostante gli arresti, però, essi continuano a ottenere successo e, secondo gli Atti degli Apostoli, sono molti coloro che diventano cristiani.

La lapidazione di Stefano, XI secolo; Novalesa, Chiesa abbaziale.

Stefano: il primo martire

la prima persecuzione

Gerusalemme fu anche teatro dell'uccisione di **Stefano**, un diacono che divenne il primo **martire** della storia della Chiesa. Stefano era impegnato nel servizio ai poveri della comunità, ma non tralasciava di **annunciare il Vangelo** di Gesù e compiva molti **miracoli** tra il popolo. Per questo, venne anch'egli trascinato davanti al sinedrio e accusato di avere bestemmiato contro Dio e contro la Legge di Mosè. Evidentemente si trattava di un pretesto per poterlo condannare.
Davanti al sinedrio Stefano si difese pronunciando un lungo **discorso** nel quale, proprio partendo dai testi dell'Antico Te-

Lessico

Martire
Dal greco *mártys*, "testimone", nel cristianesimo il martire è colui che testimonia la fede in Gesù fino al punto di morire.

La storia oggi
Le prime comunità di cristiani si incontravano in comuni case private messe a disposizione dalle famiglie che avevano spazi sufficienti. A partire dal II secolo queste case vennero usate stabilmente dalle comunità cristiane e presero il nome di ***domus ecclesiae***.
L'unico esempio di *domus ecclesiae* tuttora "leggibile" è in Siria a Dura Europos (nell'immagine).

stamento che gli scribi e i sacerdoti conoscevano bene, dimostrò che davvero **Gesù era il Messia** annunciato dai profeti. Tutto questo, però, non fece che aumentare l'odio contro di lui, tanto che fu condotto fuori dalla città e **lapidato** (forma di esecuzione della condanna a morte mediante il lancio di pietre contro il condannato).
Il discorso pronunciato da Stefano e il racconto della sua morte sono riportati nel **capitolo 7** degli Atti degli Apostoli.

Da Gerusalemme verso il mondo

L'uccisione di Stefano fece precipitare i rapporti fra la comunità cristiana e le autorità religiose ebraiche, che immediatamente diedero inizio a una vera e propria **persecuzione contro i credenti**:

> In quel giorno [lo stesso in cui era stato ucciso Stefano] scoppiò una violenta persecuzione contro la Chiesa di Gerusalemme; tutti, ad eccezione degli apostoli, si dispersero nelle regioni della Giudea e della Samaria. Uomini pii seppellirono Stefano e fecero un grande lutto per lui. Saulo intanto cercava di distruggere la Chiesa: entrava nelle case, prendeva uomini e donne e li faceva mettere in carcere.
> Quelli però che si erano dispersi andarono di luogo in luogo, annunciando la Parola.
>
> At 8, 1-4

Dopo questa prima persecuzione, gli apostoli decisero di portare la **predicazione** anche **fuori da Gerusalemme**. Inizialmente gli apostoli si dispersero in tutta la Palestina, annunciando la Parola di Dio, ma ben presto varcarono anche i confini di quella regione, spingendosi in ogni angolo del mondo allora conosciuto.

la Chiesa, comunità universale

La Chiesa assunse così ben presto la dimensione di una **comunità universale**, aperta a tutti gli uomini, esattamente secondo quello che Gesù aveva chiesto di fare: "*Andate in tutto il mondo e proclamate in Vangelo a ogni creatura*" (Mc 16, 15).

GUIDA allo studio

Inserisci le parole mancanti, presentate in ordine sparso, e poi riportale a completare le frasi nel nono tassello della mappa a p. 40.

Vangelo – Stefano – Gerusalemme – universale – ebraiche

A GERUSALEMME le autorità religiose EBRAICHE perseguitano i cristiani considerati traditori (STEFANO è il primo martire). Ma l'annuncio del VANGELO non si ferma e la Chiesa si avvia a diventare UNIVERSALE.

APPROFONDIAMO
- Una predicazione inaccettabile

VIDEO
- Edith Stein e padre Kolbe: persecuzione e dono di sé
- I martiri di mafia
- Don Puglisi, il prete che si è opposto alla mafia

biografie in un tweet

MARTIRI PER UN IDEALE

La parola "martire" è usata anche al di fuori dell'ambito religioso e indica, più in generale, una persona che sacrifica la propria vita per un ideale.
Conosci la storia, anche recente, di qualcuno che abbia compromesso o perso la vita per una causa umanitaria (per esempio Martin Luther King), per testimoniare la propria fede (don Puglisi), per difendere la giustizia (i giudici Falcone e Borsellino) ecc.? Fai una ricerca e scrivi, in 160 caratteri, una biografia nella quale metti in luce il significato del suo sacrificio.

Edith Stein, ragazza ebrea convertitasi al cattolicesimo, fu deportata e uccisa ad Auschwitz nel 1942.

Martin Luther King, promosse le battaglie per i diritti civili della popolazione di colore negli Stati Uniti. Premio Nobel per la pace nel 1964, fu assassinato nel 1968.

I magistrati Giovanni Falcone e Paolo Borsellino, hanno coraggiosamente sacrificato le loro vite nella lotta contro la mafia.

interpretiamo un film

Regia: Roberto Faenza
Nazionalità: Italia
Anno di uscita: 2004

ALLA LUCE DEL SOLE

Il film ricostruisce la vicenda di don Pino Puglisi, sacerdote palermitano, missionario e martire contemporaneo. Nel 1991 don Pino torna, come parroco della chiesa di San Gaetano, nel quartiere Brancaccio, dove è nato, e si trova davanti una realtà di degrado sociale dominata dalla mafia. Don Pino, con un lavoro instancabile e con parole decise di denuncia, si dedica al recupero dei giovani. I mafiosi lo faranno eliminare, con un colpo di pistola alla nuca, il 15 settembre del 1993, giorno del suo compleanno.

I fotogrammi presentano alcune scene cruciali del film. Osservali attentamente e poi associa a ciascuno di essi il commento corretto.

RISVEGLIARE LA COSCIENZA DEI GIOVANI

LE REAZIONI DELLA MAFIA

DON PINO CONDANNA APERTAMENTE LA MAFIA

UN CORAGGIO E UNA COERENZA PAGATI CON LA VITA

1 Gli adulti del quartiere, quasi tutti legati alla mafia, cercano di boicottare il nuovo parroco. C'è chi picchia il figlio perché non vada più all'oratorio, chi arriva ad assoldare dei "picciotti" perché diano fuoco al furgone del prete. Quando viene ucciso il giudice Falcone alcuni giovinastri improvvisano davanti alla parrocchia un carosello di motorini, esultando come per una vittoria di calcio.

2 Don Pino non si arrende, anzi. Condanna la mafia anche nelle omelie durante la Messa, proprio davanti a quegli amministratori locali che siedono nei primi banchi e che sono legati a doppio filo col potere criminale. Ed esorta la popolazione a pretendere tutto quello a cui ha diritto, ma che viene negato da quegli stessi amministratori: scuole, assistenza medica, impianti sportivi, spazi per gli anziani.

3 Don Pino comprende che ai bambini di Brancaccio viene rubata l'infanzia, perché diventano subito piccoli guerrieri addestrati dalla mafia. Quindi allestisce in parrocchia un campetto di calcio per dare loro la possibilità di giocare. Don Puglisi è anche l'insegnante di religione nella scuola del quartiere. Qui prosegue la sua opera di educatore, abituando gli scolari a ragionare con la propria testa, a chiedersi se una cosa sia giusta o sbagliata, insomma a compiere scelte responsabili.

4 La mafia decide di dare un avvertimento più concreto a quel prete così scomodo, che "*non porta rispetto*": un bel pestaggio a domicilio. Don Pino non è un eroe, ha umanamente paura. Ciononostante torna a parlare celebrando la messa in un sagrato semideserto. E lì si rivolge ai cosiddetti "uomini d'onore": "*Voi che siete abituati ad agire nell'ombra, se siete ancora uomini, fatevi vedere alla luce del sole! Le porte di questa chiesa sono aperte per voi: io vi accolgo. Se siete ancora uomini, fatevi avanti! Incontriamoci. In piazza. Parliamoci...*". La risposta è un colpo di pistola alla nuca.

LEZIONE 6

AUDIOLETTURA

PAOLO: IL VANGELO ANNUNCIATO AL MONDO

Saulo di Tarso

Saulo, ebreo e persecutore dei cristiani

Un personaggio di grande rilievo nella vita della Chiesa delle origini fu Saulo di Tarso, un **ebreo di spicco nella comunità di Gerusalemme**, con ogni probabilità proveniente da una famiglia importante e facoltosa, di solida formazione religiosa e **inizialmente persecutore dei cristiani**.

La figura di Saulo fa la sua prima comparsa negli Atti degli Apostoli (7, 58) quando Stefano veniva lapidato e i falsi testimoni che l'avevano accusato "*deposero i loro mantelli ai piedi di un giovane, chiamato Saulo*". Dello stesso Saulo si dice anche che "*approvava la sua* [di Stefano] *uccisione*" (At 8, 1).

L'esperienza della conversione

l'incontro con Dio e la conversione

La vita di Saulo cambiò in maniera radicale e inattesa durante un viaggio verso Damasco, dove si stava recando per arrestare un gruppo di cristiani. Egli stesso racconta più volte negli Atti degli Apostoli questo episodio (9, 1-19; 22, 1-21; 26, 9-18), nel quale fece davvero un'**esperienza sconvolgente dell'incontro con Dio**, tanto da essere improvvisamente colto da una forma di **cecità**.

A Damasco Saulo fu guarito miracolosamente e messo a conoscenza della missione che lo attendeva: **predicare il Vangelo**. Tornato a Gerusalemme, Gesù stesso gli apparve e gli affidò una missione chiara: "*Va', perché io ti manderò lontano, alle nazioni*" (At 22, 21).

La storia oggi
Dagli Atti degli Apostoli apprendiamo che san Paolo rimase a predicare per più di due anni (55-57) a **Efeso**, nell'Asia minore, sulle coste dell'Egeo.

In viaggio per annunciare il Vangelo

Paolo viaggia fondando numerose comunità

Dopo la conversione, Saulo cambiò il proprio nome in **Paolo**, che in latino significa "piccolo". In questo modo, voleva dichiarare la trasformazione profonda avvenuta dentro di lui e la sua volontà di essere considerato **il più umile**, perché aveva conosciuto il cristianesimo come persecutore e perché era stato l'ultimo a essere associato al gruppo degli apostoli. Naturalmente, **molti cristiani non si**

2* BARNABA LO PRESE CON SE PER LA PREDICAZIONE AD ANTIOCHIA

fidarono subito di Paolo. L'accoglienza favorevole riservatagli dagli apostoli a Gerusalemme, però, riuscì a dissipare ogni dubbio, finché egli stesso non venne costretto alla **fuga per salvarsi dall'arresto** voluto dal sinedrio.2*
Ebbero così inizio i **viaggi** di Paolo in Palestina, nelle regioni meridionali dell'Anatolia (l'attuale Turchia), in Grecia e in Italia, fino a Roma, dove **morì martire** intorno al 67 d.C. DECAPITATO.
In tutto, tre grandi viaggi, durante i quali Paolo fondò **numerose comunità**, rivolgendo il proprio annuncio indistintamente sia agli ebrei sia a coloro che credevano in altre religioni. Il successo di Paolo fu grande, tanto che divenne noto come "**apostolo delle genti**".

La storia oggi
Nel catino dell'abside (la cupola sopra l'altare) della **Basilica di Santa Pudenziana**, una delle più antiche chiese di Roma, risalente al V secolo, si trova un bellissimo mosaico raffigurante Cristo circondato dagli apostoli. Le due donne che incoronano Paolo a sinistra e Pietro a destra, rappresentano rispettivamente la Chiesa degli ebrei e la Chiesa dei non ebrei.

1* SAULO ERA NATO A TARSO ED IL SUO MAESTRO ERA STATO GAMALIELE

Un apostolo colto, capace di parlare a tutti

diffonde il messaggio cristiano tra i non ebrei

Paolo era molto diverso dagli apostoli che Gesù aveva scelto all'inizio della sua predicazione. La caratteristica che più di tutte lo distingueva era il suo **elevato livello culturale**. Sapeva parlare, oltre all'ebraico, anche il greco (la lingua usata dagli intellettuali di quel tempo) e della cultura greca era un profondo conoscitore. Egli era così in grado di rendere il messaggio del cristianesimo **comprensibile** non solo agli ebrei, ma anche ai **greci** e ai **romani**. Questa abilità traspare chiaramente dalle sue **lettere**, indirizzate alle comunità sparse tra Roma e Gerusalemme.** Si tratta di scritti nei quali vengono affrontati i più diversi problemi legati alla vita delle comunità, a difficoltà che riguardavano il comportamento da tenere in determinate occasioni o le interpretazioni della Scrittura, fino alle più banali questioni delle faccende quotidiane. Queste lettere sono importanti perché ci permettono di renderci conto della **vita concreta delle diverse Chiese**, ma soprattutto perché costituiscono una **prima riflessione sul messaggio cristiano**, sulla quale si è fondato l'insegnamento della Chiesa fino a oggi.

** DIVENTANDO L'APOSTOLO DELLE GENTI

GUIDA allo studio

Quale abilità di Paolo fu preziosa per la diffusione del cristianesimo? **Con la risposta corretta completa il decimo tassello della mappa di p. 40.**

- [ ] La capacità di parlare agli ebrei
- [x] La capacità di parlare anche ai non ebrei
- [ ] La facilità a parlare in pubblico
- [ ] La facilità nel viaggiare

orientarsi nella storia

I VIAGGI DI PAOLO

Paolo fu un **instancabile viaggiatore**, una sorta di antico *globe-trotter* del Vangelo. Questa carta aiuta a ripercorrere i suoi viaggi, che davvero permisero al messaggio di Gesù di diffondersi in tutto il bacino del Mediterraneo orientale.

- Dopo avere osservato la carta, ripercorri ognuno dei tre viaggi compiuti da Paolo, riportando per ciascuno il nome delle città nelle quali si fermò a predicare.

CARTA INTERATTIVA

Primo viaggio: ....

....

Secondo viaggio: ....

....

Terzo viaggio: ....

....

- In quali città Paolo è tornato più di una volta? Scrivi il nome della città e accanto il numero di volte. Per esempio: *"Neapoli 2"*.

....

....

- Riprendi ora l'elenco delle lettere attribuite a san Paolo a p. 5. Quali tra le comunità fondate o visitate da Paolo sono state destinatarie di una o più lettere?

....

....

? intervista a Paolo di Tarso

PAOLO, CI DICI QUALCOSA DELLA TUA INFANZIA E DELLA TUA GIOVINEZZA?

Sì. Io sono un giudeo, nato a Tarso in Cilìcia, ma educato a Gerusalemme, formato alla scuola di Gamaliele nell'osservanza scrupolosa della Legge dei padri. (At 22, 3).

ALL'INIZIO, QUINDI, NON AVEVI SIMPATIA PER I CRISTIANI.

Per niente. Anzi, io perseguitai a morte il cristianesimo e una volta fui mandato dal sommo sacerdote a Damasco per condurre prigionieri a Gerusalemme anche quelli che stavano là, perché fossero puniti (At 22, 4-5).

E POI CHE COSA ACCADDE?

Mentre ero in viaggio e mi stavo avvicinando a Damasco, verso mezzogiorno, all'improvviso una grande luce dal cielo sfolgorò attorno a me; caddi a terra e sentii una voce che mi diceva: "Saulo, Saulo, perché mi perséguiti?". Io risposi: "Chi sei, o Signore?". Mi disse: "Io sono Gesù il Nazareno, che tu perséguiti". E il Signore mi disse: "Alzati e prosegui verso Damasco; là ti verrà detto tutto quello che è stabilito che tu faccia" (At 23, 6-10).

E A DAMASCO?

A Damasco Un certo Anania, devoto osservante della Legge e stimato da tutti i Giudei là residenti, venne da me, mi si accostò e disse: "Saulo, fratello, torna a vedere!". E in quell'istante lo vidi. Poi mi spiegò quale sarebbe stata la mia missione e mi battezzò (At 22, 12-16).

COSÌ È INIZIATA LA TUA AVVENTURA DI "APOSTOLO DELLE GENTI"?

Sì. A partire da quel momento ho iniziato a predicare il Vangelo ovunque ho potuto.

E I TUOI RAPPORTI CON GLI ALTRI APOSTOLI?

Furono sempre buoni. Anzi, fu grazie a loro che venni accolto dai cristiani di Gerusalemme che, inizialmente, avevano paura di me. Ci fu solo un piccolo screzio con Pietro, ma poi tutto si è risolto. Anche perché ognuno ha preso strade diverse...

E ALLA FINE DA PERSECUTORE SEI DIVENTATO PERSEGUITATO?

Sì, perseguitato dagli Ebrei, che mi denunciarono come turbatore dell'ordine pubblico. L'accusa naturalmente era falsa e io, per evitare il giudizio del sinedrio, sfruttai il mio diritto di cittadino romano di essere giudicato dall'imperatore.

DUNQUE SEI STATO PORTATO A ROMA?

Sì. A Roma ho vissuto tranquillamente per qualche anno, come agli "arresti domiciliari", predicando il Vangelo. Finché non sono rimasto vittima della persecuzione di Nerone, nel 67 d.C.

Facciamo il punto

Completa il riassunto della sezione inserendo correttamente le parole elencate di seguito.

~~pregare~~ • vescovi • ~~predicazione~~ • Spirito Santo • non ebrei • ~~divina~~ • comunità • ~~salvezza~~ • predicazione • solidarietà • diaconi • battesimo • Stefano • confermazione • comunità • servizio • universale • liturgico

~~SACRAMENTI~~

1. Gesù, torna presso il Padre e affida agli apostoli la ...predicazione... del Vangelo. Gli apostoli fonderanno ovunque ...comunità... cristiane.

2. Dopo l'ascensione di Gesù, gli apostoli sono smarriti e si chiudono in casa a ...pregare... A Pentecoste lo ...spirito santo... discende sugli apostoli che cominciano la predicazione: è l'inizio della Chiesa.

3. Gesù è sempre presente nella Chiesa e attraverso di essa continua a operare per la salvezza di ogni uomo.
Attraverso l'anno ...liturgico... la Chiesa ripercorre e rivive la storia della salvezza. La proposta di salvezza è rinnovata con la Parola di Dio, i ...sacramenti... e l'insegnamento.

4. I primi cristiani, pur continuando a osservare le pratiche religiose ebraiche sono una comunità con caratteristiche originali: la condivisione e la ...solidarietà...; l'ascolto dell'insegnamento degli apostoli; lo "spezzare il pane"; l'ingresso segnato dal ...battesimo...

5. Con il sacramento del battesimo si entra a far parte della ...comunità... cristiana. Con il battesimo inizia un cammino di fede che viene confermato con il sacramento della ...confermazione...

6. Dopo aver fondato una nuova comunità gli apostoli la affidano a persone in grado di proseguire la loro opera cioè i ...diaconi... e i ...vescovi... e ripartono per crearne di nuove.
Verso la fine del I secolo si delinea il primato del vescovo di Roma.

7. Il sacramento dell'ordine conferisce a chi lo riceve (diaconi, sacerdoti, vescovi) la missione di dirigere e istruire il popolo di Dio e amministrare i sacramenti, consacrandosi interamente al ...servizio... dei fratelli.

8. A Gerusalemme la persecuzione (la prima) e il primo martire, ...Stefano..., spinsero i cristiani a portare la ...predicazioni... fuori Gerusalemme, prima in Palestina e poi nel resto del mondo allora conosciuto. Come aveva voluto Gesù, la Chiesa diventa una comunità ...universale...

9. La vita di Paolo, ebreo e inizialmente persecutore dei cristiani, cambia dopo l'incontro con Dio e la conversione.
Con Paolo il messaggio cristiano si diffonde anche tra i non ebrei................,
cioè tra greci e romani.

Le immagini che vedi in questa pagina riprendono la celebrazione di riti sacramentali. Sai dire di quali sacramenti si tratta? Scrivilo a fianco di ciascuna immagine. Poi descrivi ciò che avviene e spiega che cosa significano i gesti e gli oggetti che vedi. Puoi leggere alle pagine 22-23 e 28-29 le lezioni dedicate a questi sacramenti.

battesimo................

cresima................

eucarestia................

ordine................

SEZIONE 6

Costruiamo la nostra mappa

1 Prima di tornare dal Padre, Gesù affida agli apostoli la **missione** di DIFFONDERE IL VANGELO in tutto il mondo

2 LO SPIRITO SANTO INFONDE AGLI APOSTOLI IL CORAGGIO DI PREDICARE IL VANGELO

3 SOSTITUISCONO, GLI APOSTOLI, GIUDA CON MATTIA

4 La **Chiesa rinnova la proposta di salvezza** di Gesù con LA PAROLA DI DIO, IL MAGISTERO, I SACRAMENTI

5 **Caratteristiche della comunità:**
- AMORE FRATERNO
- CONDIVISIONE BENI
- INSEGNAMENTO APO.
- CELEBRAZIONE
- INGR. BATTESIMO

6 Chi riceve il BATTESIMO è **purificato** da tutti i peccati e **inizia una nuova vita** entrando a far parte della comunità cristiana. Con il sacramento della CONFERMAZIONE si RICONFERMA, appunto, la **totale consacrazione a Dio**, attraverso l'azione dello Spirito Santo

7 **Organizzazione della comunità:**
- VESCOVI o **presbiteri**, scelti dagli apostoli per celebrare i sacramenti e predicare
- **diaconi**, assistono poveri e malati.

Alla fine del I secolo si delinea una gerarchia: i vescovi diventano capi di una o più Chiese (presbiteri e diaconi sono collaboratori) e tra loro acquista autorità il vescovo di Roma

8 IL SACR. DELL'ORDINE DA LA FACOLTA DI AMMINISTRARE I SACRAMENTI. L'AMMISSIONE DEL SACERDOTE È QUELLA CHE + ESPRIME LO SPIRITO DI SERVIZIO.

9 A GERUSALEMME le autorità religiose EBRAICHE **perseguitano** i cristiani considerati traditori (STEFANO è il primo martire). Ma l'**annuncio** del VANGELO non si ferma e la **Chiesa** si avvia a diventare UNIVERSALE

10 **Paolo** dà grande impulso alla diffusione del cristianesimo grazie alla CAPACITA' DI PARLARE ANCHE AI NON EBREI

Verifichiamo le conoscenze

1 **Quale missione viene affidata agli apostoli?**

....

....

2 **Quando ha inizio questa missione?**

- ☐ Quando Gesù muore crocifisso
- ☐ Quando Gesù risorge e appare agli apostoli
- ☐ Quando Gesù ascende al cielo
- ☐ Quando nel giorno di Pentecoste lo Spirito Santo scende sugli apostoli

3 **Qual è la diretta conseguenza di questa missione?**

- ☐ Gli apostoli imparano nuove lingue
- ☐ Gli apostoli tornano alle loro famiglie
- ☐ La Chiesa si disperde
- ☐ La Chiesa prende forma

4 **Cerca su vocabolario il significato del termine "comunità" e trascrivilo di seguito.**

....

....

....

....

5 **Indica se, rispetto alla vita delle prime comunità cristiane, le seguenti affermazioni sono vere V o false F.**

- **a.** Furono completamente abbandonate le consuetudini ebraiche V F
- **b.** Per entrare a far parte della comunità bisognava ricevere il battesimo V F
- **c.** Non si frequentava più il Tempio V F
- **d.** Si faceva memoria dell'Ultima Cena V F
- **e.** I membri della comunità dovevano condividere tutto V F
- **f.** Solo i presbiteri potevano conservare le loro ricchezze V F
- **g.** Si ascoltavano gli insegnamenti degli apostoli V F

6 **Sottolinea nell'elenco i valori che ispirarono la prima comunità cristiana.**

amore fraterno • solidarietà • ambizione • prestigio • spirito di servizio • competitività • disinteresse per sé • amore per la cultura e per la storia • interesse per la proprietà privata

7 **Che cos'è un sacramento?**

- ☐ Un rito magico
- ☐ Un gesto compiuto dal sacerdote
- ☐ Un'immagine simbolica dell'azione di Dio
- ☐ Un segno efficace dell'azione di Dio

8 **Collega ciascuno dei termini elencati con il significato letterale che ne definisce il ruolo.**

1. Vescovo	**a.** inviato
2. Presbitero	**b.** successore di Pietro
3. Diacono	**c.** sorvegliante
4. Papa	**d.** più anziano
5. Apostolo	**e.** servitore

9 **Con quale episodio, narrato negli Atti degli Apostoli, inizia la persecuzione degli apostoli?**

10 **Qual è la conseguenza della persecuzione?**

- ☐ Gli apostoli divengono tutti martiri
- ☐ Gli apostoli non si fanno più vedere in pubblico
- ☐ Cessa la predicazione del Vangelo
- ☐ Inizia la predicazione fuori da Gerusalemme

11 **Perché Paolo viene chiamato "apostolo delle genti"?**

- ☐ Perché viaggia molto
- ☐ Perché si rivolge a tutti, anche a chi non è ebreo
- ☐ Perché si rivolge solo agli ebrei
- ☐ Perché si rivolge solo a chi non è ebreo

12 **Paolo, prigioniero, ringrazia per la solidarietà i cristiani di Filippi e afferma che da Cristo ha ricevuto una grande libertà di spirito, sia nella povertà sia nella ricchezza. Completa i passi della Bibbia (Fil 4,12-14.19-20) inserendo correttamente le seguenti parole.**

magnificenza • forza • bisogno • gloria • povertà • fame • abbondanza

So vivere nella .... come so vivere nell'.............. sono allenato a tutto e per tutto, alla sazietà e alla ...., all'abbondanza e all'indigenza. Tutto posso in colui che mi dà la ....

Avete fatto bene tuttavia a prendere parte alle mie tribolazioni. Il mio Dio, a sua volta, colmerà ogni vostro .... secondo la sua ricchezza con .... in Gesù Cristo. Al Dio e Padre nostro sia .... nei secoli dei secoli. Amen

COMPETENZE IN AZIONE

Aiutiamo le missioni

Lo spirito di fratellanza e di condivisione nei confronti dei poveri e degli emarginati hanno accompagnato l'annuncio e la diffusione del Vangelo fin dalle origini del cristianesimo, nella prospettiva di una promozione globale della persona umana, sia spirituale sia materiale.
Un impegno fondamentale delle missioni, da sempre, è istruire e/o insegnare una professione alle persone presso le quali ci si reca.

Immaginate di dover promuovere un'iniziativa di sostegno a distanza a favore di bambini, adolescenti e giovani in condizione di povertà, svantaggio e disagio che abitano in un luogo del Sud del Mondo dove è attiva una missione. Con l'aiuto del vostro insegnante di religione non vi sarà difficile reperire informazioni sulle associazioni missionarie legate, per esempio, alla vostra parrocchia.
Il vostro obiettivo è quello di raccogliere denaro non solo per acquistare generi di prima necessità e medicinali, ma anche per finanziare l'apertura di scuole e centri per la formazione professionale.

- Organizzate una serata nell'aula magna della scuola nella quale intervisterete un missionario e a cui inviterete i compagni delle altre classi, i professori, le famiglie. Alcune immagini del luogo dove si trova la missione vi serviranno ad allestire adeguatamente il palco sul quale l'intervistato e uno di voi, in qualità di intervistatore, saranno seduti di fronte al pubblico.
- Preparate prima le domande che intendete rivolgere al missionario circa i motivi che lo hanno spinto a intraprendere la sua attività e le finalità religiose e umanitarie che lo muovono.
- Preparate un mercatino da allestire accanto al luogo in cui avviene l'intervista. Con qualche settimana di anticipo invitate i vostri compagni a raccogliere oggetti che intendono mettere a disposizione per la vendita di beneficenza. Almeno tre persone devono essere disponibili presso lo *stand*.
- Spiegate al pubblico i progetti della missione, che non solo sopperisce ai bisogni contingenti e immediati della popolazione presso cui si trova, ma cerca anche di garantire misure idonee al godimento nel medio e lungo periodo di beni e di libertà.
- Potrete consegnare il denaro raccolto durante la serata direttamente al missionario.

SEZIONE 7

LA CHIESA NELLA STORIA: LA TARDA ANTICHITÀ

Lezioni

1 Da Gerusalemme a Roma

2 Dalle persecuzioni al dialogo

3 Il cristianesimo, religione ufficiale dell'Impero

4 La Chiesa tra Oriente e Occidente

5 La nascita dell'islam

ESPERIENZE A CONFRONTO
Testimoni, non *testimonial*

COMPETENZE IN AZIONE
Testimoniare oggi

Obiettivi

- Conoscere la Chiesa come realtà voluta da Dio, vivificata dallo Spirito.
  DIO E L'UOMO
- Comprendere alcune categorie fondamentali della fede cristiana.
  DIO E L'UOMO
- Focalizzare le strutture e i significati dei luoghi sacri.
  IL LINGUAGGIO RELIGIOSO

Competenze

- L'alunno ricostruisce gli elementi fondamentali della storia della Chiesa e li confronta con le vicende contestuali della storia civile elaborando criteri per avviarne un'interpretazione consapevole.

LEZIONE 1

AUDIOLETTURA

DA GERUSALEMME A ROMA

Vedendo morire i martiri cristiani, molte persone si convertivano. Perché?

La diffusione del Vangelo

il cristianesimo si diffonde nell'Impero romano

Come Paolo, anche gli altri apostoli partirono dalla Palestina per diffondere il Vangelo in luoghi lontani: da Gerusalemme, la religione cristiana si irradiò in **tutti i territori dell'Impero romano**, diffondendosi soprattutto nei **centri urbani**. Gli abitanti dei villaggi di campagna, detti "pagani" (da *pagus*, "villaggio"), rimanevano molto spesso legati al culto delle divinità locali e così il termine "pagano" assunse il significato di "colui che non aderisce" o è "contrario al cristianesimo".

Prestigiose furono le comunità sorte in città importanti come **Antiochia** in Siria (dove per la prima volta i seguaci di Gesù furono chiamati "**cristiani**"), **Alessandria** in Egitto, **Efeso** in Asia Minore e **Corinto**, **Atene** e **Tessalonica** in Grecia.

Roma, centro della cristianità

centralità di Roma

Fu **Roma**, tuttavia, capitale politica dell'Impero, a diventare presto il centro della cristianità. A Roma, punto d'incontro di tutte le vie commerciali e centro culturale dell'Impero, si trasferirono **Pietro** e **Paolo**: parecchie testimonianze confermano la loro presenza nella capitale imperiale già nel 42 d.C., dove **Pietro divenne il capo della comunità cristiana** che si formò nella città e che raccolse in breve tempo numerosi fedeli.

Pietro e Paolo condotti a giudizio dinanzi a Nerone, XII secolo; mosaico del Duomo di Monreale.

Cristianesimo e mondo romano

motivi di contrasto tra cristiani e romani

L'**unità politica dell'Impero romano** contribuì notevolmente a facilitare la diffusione del Vangelo, grazie soprattutto alla **circolazione delle persone e delle idee**. Accanto agli aspetti positivi, però, non tardarono a manifestarsi anche **alcuni problemi**. Pur essendo i romani tolleranti nei confronti di tutte le religioni, il cristianesimo presentava caratteristiche contrarie alle loro tradizioni. Per esempio, per i romani era impossibile pensare che gli uomini fossero **tutti uguali** di fronte a Dio. La loro società, come pure quella ebraica, era impostata secondo una divisione piuttosto rigida dei ceti sociali e poteva essere pericoloso sostenere l'idea che uno schiavo aveva la stessa dignità del suo padrone.

Inoltre, per i romani la religione era strettamente legata al **potere politico**, tanto che anche la carica del pontefice massimo, la più alta autorità religiosa, in età imperiale era assunta dallo stesso imperatore.

Eugène Romain Thirion, *Trionfo della fede, i martiri cristiani al tempo di Nerone*; collezione privata.

L'inizio delle persecuzioni

iniziano le persecuzioni

Le persecuzioni cui vennero sottoposti i cristiani furono provocate proprio dal loro **rifiuto di attribuire all'imperatore il primato in ambito religioso**. All'imperatore i cristiani erano disposti a riconoscere piena autorità dal punto di vista politico, ma in tutto quello che riguardava la religione, per la quale il punto di riferimento erano i vescovi e i presbiteri delle diverse comunità, non potevano prestargli obbedienza.
La **resistenza** manifestata dai cristiani ad accettare di partecipare ai culti pagani fu interpretata come un **atto di ribellione** e perciò essi iniziarono a essere malvisti dai romani.
La prima vera persecuzione fu scatenata dall'imperatore **Nerone** nel 64 d.C., il quale li accusò di avere incendiato Roma. Durante queste prime persecuzioni furono **uccisi anche gli apostoli Pietro e Paolo**.
Altre persecuzioni seguirono nei decenni e nei secoli successivi, ma il motivo religioso venne usato talvolta come un **pretesto** per colpire personaggi di spicco della vita politica romana che si erano convertiti al cristianesimo, oppure per impadronirsi delle ricchezze di alcune importanti famiglie cristiane.

Il martirio, forza del cristianesimo

l'esempio dei martiri rafforza il cristianesimo

Le persecuzioni provocarono **migliaia di martiri** fra i cristiani. Tantissimi, infatti, furono coloro che pagarono con il sangue la loro fedeltà a Cristo e molti santi che ancora oggi veneriamo sono martiri dei primi secoli del cristianesimo.
Il comportamento dei martiri suscitava spesso **sorpresa** tra le popolazioni e talvolta anche **ammirazione**. Non di rado, addirittura, vi era chi decideva di convertirsi proprio dopo avere visto i credenti morire per la loro fede. Così, lo scrittore Tertulliano (155-230 ca.), arrivò a dire che le persecuzioni, anziché indebolire il cristianesimo, finirono con il **rafforzarlo** e che il sangue versato dai martiri era "*seme di nuovi cristiani*".

GUIDA allo studio

Solo due tra le seguenti frasi sono vere. Individuale e riportale, nell'ordine in cui appaiono, nel primo e nel secondo tassello della mappa a p. 70.

- Il cristianesimo si diffonde nei territori di campagna V F
- Il cristianesimo si diffonde nei territori dell'Impero romano V F
- Nel 64 d.C. cominciano le persecuzioni contro i cristiani V F
- Nerone si oppone alle persecuzioni contro i cristiani V F
- Le persecuzioni indeboliscono il cristianesimo V F

orientarsi nella storia

LA DIFFUSIONE DEL CRISTIANESIMO TRA I E III SECOLO

Questa carta illustra le **fasi della diffusione del cristianesimo** tra il II e il III secolo.
Come vedi sono segnate alcune città che divennero importanti centri del cristianesimo primitivo.

↗ Alcune di queste sono già state ricordate nelle pagine precedenti. Sapresti dire a quale proposito?

Gerusalemme: ....

Tarso: NATO SAULO

Damasco: GESÙ FA APPARSO A SAULO

Roma: CAPITALE CENTRO CRISTIANO

Efeso, Alessandria, Atene e Tessalonica: COMUNITÀ CRISTIANE

interpretiamo una testimonianza archeologica

RICOSTRUIRE LE CATACOMBE

Le catacombe (dal latino *catacumba*, composto del greco *katá*, "giù", "sotto", e del latino *cumba*, "cavità"), per molto tempo vennero considerate come luoghi di riunione e di rifugio per i cristiani perseguitati. In realtà **erano cimiteri sotterranei in cui i cristiani deponevano i loro morti, specialmente i martiri**, decorandone i sepolcri con affreschi, marmi, immagini su vetro dorato. I fedeli vi andavano a compiere i riti in onore dei propri defunti e a venerare i martiri lì deposti, nel giorno anniversario della loro morte.

↗ Osserva le immagini nella pagina a fianco e inserisci il numero corrispondente a ogni particolare descritto nel testo che segue.

Vasetto per unguenti ritrovato nella catacomba di Panfilo a Roma.

La catacomba di Priscilla, II-V secolo; Roma.

Statuetta in osso fissata nella malta di un loculo; Roma, catacomba di Panfilo.

San Gennaro (nell'iscrizione latina IANUARIO) raffigurato nell'antico gesto della preghiera; con lui due fedeli, Cominia e la piccola Nicatiola, V-VI secolo; Napoli, Basilica Major della Catacomba di San Gennaro.

Spesso le catacombe erano articolate su più piani, potevano raggiungere anche 20 metri di profondità e si sviluppavano partendo da scale alle quali si collegava la rete delle gallerie larghe in media circa 1 metro e alte tra i 2 e i 3 metri **1**, con volta piana o leggermente arrotondata **2**. L'unica fonte di luce erano i "lucernari", che erano pozzi adibiti all'estrazione della terra al momento dello scavo.
All'interno delle gallerie vi erano i loculi **3**, disposti orizzontalmente sulle pareti in diversi ordini sovrapposti e chiusi con lastre di marmo o con materiali poveri sigillati con calce. In rosso era dipinta l'iscrizione funeraria **4** oppure venivano fissati dai parenti sulle tombe dei defunti oggetti di vario tipo **5** come segno di riconoscimento (vetri dorati, giocattoli, statuine d'osso e d'avorio, campanelli, conchiglie). I corpi venivano deposti in semplici lenzuoli e prima cosparsi con unguenti e profumi **6**. Le gallerie erano illuminate fiocamente da piccole lucerne disposte su mensole all'esterno delle tombe. Gruppi familiari o corporazioni potevano disporre di camere sepolcrali semplici o doppie, di pianta varia, con volte e pareti perlopiù dipinte.

Testimoni, non *testimonial*

Nei primi secoli del cristianesimo molte persone hanno sacrificato la vita per testimoniare la loro fede. Sono coloro che noi ricordiamo come "martiri", uccisi perlopiù durante le persecuzioni scatenate contro i cristiani fra il I e il IV secolo. Testimoni, come lo sono tante persone che anche oggi in modi diversi offrono la propria vita in nome della fede, oppure dedicano interamente la propria esistenza alla realizzazione di grandi ideali, spesso nel campo del volontariato. Diversi dai *testimonial*, persone in genere ricche e famose che, soprattutto in ambito pubblicitario, "vendono" la propria immagine per promuovere un certo prodotto. Vi sono anche *testimonial* che si offrono gratuitamente di sostenere una causa nobile e giusta, ma anche in questo caso sono diversi dai testimoni: metterci la faccia è diverso che rimetterci la vita.

Testimone contro l'ingiustizia

Dietrich Bonhoeffer, vissuto tra il 1906 e il 1945, è uno dei più significativi testimoni del XX secolo. Non solo per la sua coerenza rispetto alla fede cristiana, ma anche per il suo impegno contro gli orrori provocati dal nazismo, che lo condusse alla morte.
Bonhoeffer era un teologo tedesco, pastore protestante e professore all'università di Berlino, che, fin dall'ascesa al potere di Hitler, si oppose con determinazione al regime nazista.
Partecipò attivamente alle iniziative della resistenza tedesca, fino a entrare direttamente in contatto con i cospiratori che stavano preparando l'attentato (poi fallito) che nel 1944 avrebbe dovuto portare all'assassinio di Hitler. Arrestato nel 1943, fu imprigionato, processato e condannato a morte.
A un compagno di prigionia, cattolico, che gli domandò come poteva un uomo di fede come lui, addirittura un pastore, partecipare ad azioni politiche e persino a una congiura che prevedeva lo spargimento di sangue, rispose con una frase diventata famosa:

> "Quando un pazzo lancia la sua auto sul marciapiede, io non posso, come pastore, accontentarmi di sotterrare i morti e consolare le famiglie. Io devo, se mi trovo in quel posto, saltare sull'auto e strappare via il conducente dal volante".

QUALE INSEGNAMENTO RICAVO?

- Di che cosa potresti essere testimone nel contesto in cui vivi quotidianamente?
- Ci sono ideali per i quali ti sentiresti di spendere la vita? Non nel senso di accettare che ti venga tolta, ma di desiderare di viverla fino in fondo senza riserve.
- Ci sono situazioni nelle quali può succedere di offrire una testimonianza negativa?
- Ti è mai capitato di limitarti a "stare a guardare" di fronte a casi di ingiustizia?
- Quale tipo di testimonianza avresti potuto offrire se fossi intervenuto?

Ricordi chi garantisce la coretta interpretazione delle Scritture?

LEZIONE 2

AUDIOLETTURA

DALLE PERSECUZIONI AL DIALOGO

Il dialogo con la cultura pagana

Il contatto con la cultura pagana

Uscito dai confini della Palestina, il cristianesimo dovette confrontarsi con culture differenti. Già san Paolo aveva cercato di **entrare in dialogo con la civiltà pagana**, rileggendo il Vangelo alla luce delle sollecitazioni e delle esigenze che i diversi contesti sociali e culturali ponevano. In questa direzione si mossero personalità di spicco del pensiero cristiano, che furono conosciuti come **Padri della Chiesa**. Tra questi i più importanti furono **Girolamo** (347-420 ca.) – che tradusse in latino l'Antico e il Nuovo Testamento (la versione detta *Vulgata*), rendendo accessibili le scritture a un più ampio pubblico di lettori – e **Agostino d'Ippona** (354-430), che più di tutti cercò di trovare punti di contatto con le maggiori scuole di pensiero del suo tempo.

Sinodi e concili

si definiscono principi e dogmi del cristianesimo

Grazie alla riflessione dei Padri della Chiesa, durante i secoli III e IV d.C. si andarono precisando i **contenuti fondamentali della dottrina cristiana**.

La dottrina ufficiale della Chiesa venne fissata attraverso una serie di **sinodi** (assemblee che riunivano i vescovi che risiedevano in una regione più o meno ampia) e più tardi, a partire dall'inizio del IV secolo, mediante i **concili ecumenici** (che raccoglievano un nume-

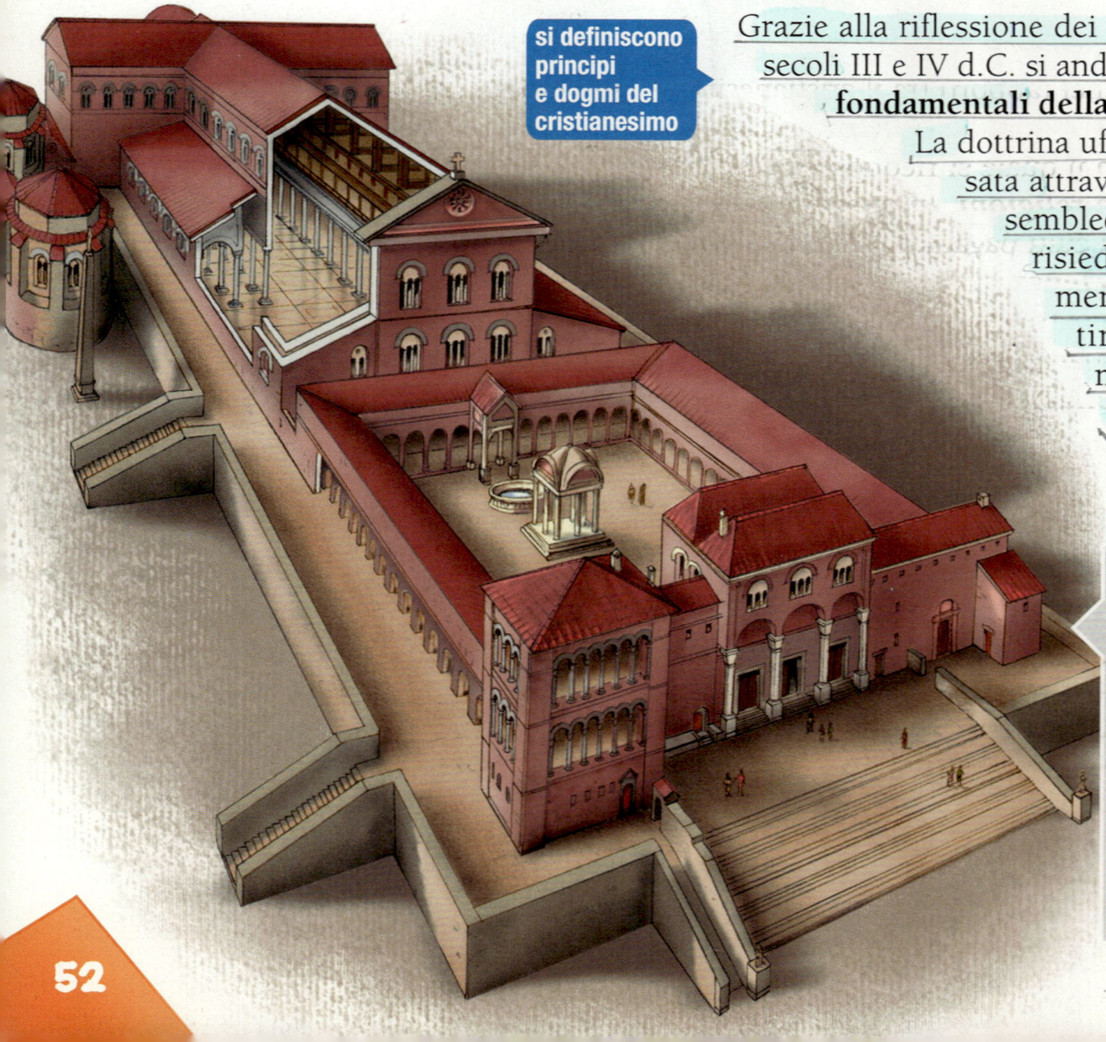

La storia oggi
Modello ricostruttivo della **prima basilica di San Pietro** voluta da Costantino. I lavori ebbero probabilmente inizio tra il 319 e il 326 e si conclusero nel 333. L'edificio era di notevoli dimensioni, 116 metri per 65. Durò più di un millennio perché fu demolito solo nel XVI secolo per far posto all'attuale basilica di San Pietro con la famosa cupola di Michelangelo.

ro maggiore di vescovi, possibilmente provenienti da tutto il mondo cristiano).
Durante queste riunioni, sulla base delle **Scritture** e della **Tradizione** trasmessa dagli apostoli ai loro successori, e consolidatasi nelle diverse comunità, furono stabiliti i principi autentici e i **dogmi** sui quali si sarebbe fondata la fede cristiana. Tutte le dottrine che si discostavano da essi venivano condannate come **eresie** e contrastate in tutti i modi.

L'imperatore Costantino, testa in bronzo, 330-340 circa; Roma, Palazzo dei Conservatori.

Costantino e il cristianesimo

i rapporti con i romani migliorano

L'ultima grande persecuzione fu scatenata dall'imperatore Diocleziano nel 303. Dopo la sua morte, e con l'ascesa al potere di **Costantino**, i rapporti fra i cristiani e l'autorità imperiale cominciarono a **migliorare**.
I cristiani erano ancora una piccola minoranza, tuttavia Costantino comprese che la nuova religione con il tempo **si sarebbe rafforzata**, anche grazie alla sua efficiente **organizzazione interna**, basata sul ruolo di guida riconosciuto ai vescovi. Intrattenere buoni rapporti con i cristiani, quindi, avrebbe potuto contribuire a **consolidare il potere imperiale**.

L'Editto di Milano

Costantino riconosce libertà di culto

La vera svolta nei rapporti tra il cristianesimo e l'Impero avvenne nel **313**, quando Costantino promulgò l'Editto di Milano, con il quale si riconosceva la **libertà di culto per tutte le religioni**. In questo modo, senza recare offesa a nessuno dei numerosi culti pagani presenti nell'Impero, egli dichiarava **legittima anche la religione cristiana**. Da quel momento non sarebbero più state possibili le persecuzioni dei secoli precedenti.
La nuova legge consentì ai cristiani di **professare pubblicamente la loro fede**, senza più doversi nascondere. **Roma**, che ormai da decenni non era più la capitale dell'Impero, acquistò **nuova importanza**. Costantino stesso volle che sul colle **Vaticano**, dove, secondo la tradizione, si trovava la tomba dell'apostolo Pietro, venisse costruita una grande chiesa a lui dedicata: la **prima Basilica di San Pietro**.

GUIDA allo studio

Che cosa riconosce l'Editto di Costantino? Con la risposta corretta completa il terzo tassello della mappa a p. 70.

- ☐ Il cristianesimo religione ufficiale dell'Impero
- ☐ Il diritto di costruire la Basilica di San Pietro
- ☒ La libertà di culto a tutte le religioni
- ☐ La libertà di culto al cristianesimo

Ricostruisci la frase e riportala nel quarto tassello della mappa a p. 70.

sinodi e concili - si vanno precisando - principi e dogmi - ne fissano - I contenuti della fede cristiana:

Lessico

Padri della Chiesa
Gli scrittori dei primi secoli del cristianesimo il cui insegnamento dottrinale è ritenuto fondamentale per la tradizione della Chiesa.

Sinodi
La parola sinodo deriva dal greco *sýnodos* e significa letteralmente "adunanza", "convegno". Il termine è ancora oggi usato quasi esclusivamente per indicare le assemblee dei vescovi che risiedono in una determinata regione.

Concili ecumenici
Il concilio ecumenico è un'adunanza di tutti i vescovi del mondo convocata dal Papa. In greco la parola *oikouméne* serviva a indicare tutta la terra abitata.

Dogmi
Dogma è una parola greca, che letteralmente significa "decisione" e che nel linguaggio della Chiesa indica una verità proposta come oggetto di fede.

Eresie
Eresia, dal greco *haíresis*, "scelta". Nel linguaggio cristiano, indica una dottrina che si oppone all'insegnamento ufficiale della Chiesa.

interpretiamo i simboli

I SIMBOLI DEL CRISTIANESIMO

Fin dalle sue origini il cristianesimo fece **ampio uso di simboli**, sfruttando la loro straordinaria capacità di collegare le immagini visibili al mondo dell'invisibile e di rendere chiari in modo essenziale i concetti fondamentali della nuova religione. Se ne fece largo impiego nelle **pitture cimiteriali** accanto a soggetti puramente decorativi. Molte immagini simboliche alludono al Cristo sin dall'epoca più antica.

In questa pagina sono riprodotti diversi simboli. Collega ognuno di essi alla propria didascalia, scegliendola tra quelle riportate qui di seguito, inserendo accanto all'immagine il numero corrispondente.

1. L'immagine del pesce richiama il Salvatore: in molte iscrizioni ricorre, infatti, il termine greco *ichthýs*, "pesce", che è in realtà un acronimo, cioè una parola formata con le iniziali di altre, in questo caso "Gesù Cristo Figlio di Dio Salvatore".
2. Sulle lapidi spesso compare l'ancora che allude alla salvezza e in alcuni casi richiama da vicino la forma della croce.
3. Il nome di Cristo è reso con un monogramma formato dalle due lettere greche X (chi) e P (ro) intrecciate, oppure con una croce, ottenuta con le medesime iniziali disposte in modo differente. Ai lati vengono poste in alcuni casi le lettere alfa e omega (la prima e l'ultima dell'alfabeto greco).
4. La vite, i cui tralci carichi di pampini adornano gli ambienti cimiteriali, ha più significati: può riferirsi a Cristo, alla Chiesa o al sangue.
5. Il simbolo di Gesù per eccellenza è il buon pastore, che porta sulle spalle un agnello o una pecora. In alcuni dipinti Cristo è presentato come un agnello, l'*Agnello di Dio* che si sacrifica per l'umanità.
6. All'anima allude un altro simbolo molto diffuso nelle catacombe, la colomba. La colomba può essere anche intesa come immagine dello Spirito Santo nell'episodio del battesimo di Gesù, o della salvezza operata da Dio nei confronti di Noè.
7. Il pavone viene raffigurato per indicare l'immortalità, poiché nel mondo antico la sua carne era ritenuta incorruttibile. Viene quindi usato come simbolo della risurrezione e della vita eterna.

4

1

6

2

7

LEZIONE 3

AUDIOLETTURA

IL CRISTIANESIMO, RELIGIONE UFFICIALE DELL'IMPERO

Che cosa c'entra la cattedra dei professori con quella del vescovo?

L'Editto di Tessalonica

cristianesimo religione ufficiale

Il cristianesimo conobbe ancora un momento di difficoltà durante il breve regno dell'imperatore **Giuliano** (361-363), che, pur essendo stato battezzato, decise di tornare ai culti pagani, guadagnandosi il soprannome di "**Apostata**". Con i suoi successori, però, **il cristianesimo continuò a diffondersi**, assumendo un'importanza sempre maggiore anche dal punto di vista **politico**, grazie al **prestigio** e all'**autorità** assunti dai vescovi.

La svolta veramente definitiva venne operata dall'imperatore **Teodosio**, che dichiarò il cristianesimo **religione ufficiale dell'Impero**. L'editto imperiale fu promulgato solennemente nel 380 a Tessalonica e diventò famoso appunto come l'**Editto di Tessalonica**. La nuova legge prevedeva la **soppressione dei culti pagani** e la **distruzione dei templi dedicati alle antiche divinità**, molti dei quali furono trasformati in chiese.

Lessico

Apostata
Parola greca derivante da *apostasía*, che letteralmente significa "allontanamento", impiegata per indicare l'abbandono della propria fede.

I rapporti fra Teodosio e la Chiesa

rapporti stretti tra Chiesa e Impero

I rapporti fra Teodosio e la Chiesa furono **strettissimi**, anche se talvolta segnati da momenti di **tensione**. L'imperatore riconobbe la **posizione preminente del vescovo di Roma su tutti i vescovi** e fece di tutto per aiutarlo a combattere le eresie e stabilire le decisioni adottate dai sinodi e dai concili in tutta la Chiesa universale (cioè "cattolica"). D'altro canto, **Teodosio esercitò grande influenza sulla struttura organizzativa della Chiesa**, per assicurarsene il controllo.

Il ruolo che l'imperatore assunse all'interno della Chiesa e l'importanza politica e culturale che quest'ultima arrivò ad avere hanno indotto gli storici a parlare di un **Impero romano-cristiano**. Sicuramente, dopo l'Editto di Tessalonica, **la Chiesa giocò un ruolo sempre più decisivo nelle vicende storiche dell'Europa**, soprattutto dopo la caduta dell'Impero romano, e influì in maniera determinante anche sulla creazione di quella che viene definita la "**civiltà europea**".

La **cattedra** (vedi lessico a p. 57) vescovile di Massimiano, trono episcopale con struttura in legno ricoperta di placchette in avorio, 546-554; Ravenna, Museo Arcivescovile.

La storia oggi
Le **piazze di molte città**, il cui impianto risale al Medioevo, **testimoniano** ancora oggi il **ruolo centrale** che la **Chiesa** assunse nella vita cittadina. Nelle piazze principali, infatti, è sempre presente, spesso a fianco del palazzo comunale, la basilica o la cattedrale. Nella fotografia vediamo la **piazza principale di Norcia**, in provincia di Perugia, su cui si affacciano la basilica di San Benedetto e il Palazzo Comunale.

La cattedrale, centro religioso e politico della città

vescovi nuovi punti di riferimento

Quando morì Teodosio, nel 395, l'Impero venne diviso in due parti: l'Impero d'Oriente con capitale Costantinopoli, e l'Impero d'Occidente con capitale Milano.

In Occidente, durante il lungo periodo delle invasioni dei popoli germanici (i cosiddetti "barbari") e dopo la caduta dell'Impero romano d'Occidente nel 476, l'importanza della Chiesa crebbe soprattutto nelle **città**. Qui, infatti, venuti meno i funzionari imperiali incaricati di governarle, gli abitanti trovarono un nuovo punto di riferimento nei **vescovi**. Questi, oltre a ricoprire il ruolo di guida delle comunità cristiane si trovarono anche a dovere esercitare alcuni **poteri propri delle autorità civili**.
Il centro della vita cittadina divenne la **cattedrale**, luogo dove non solo venivano celebrate le cerimonie religiose, ma nel quale spesso il popolo si radunava per discutere le questioni più importanti che riguardavano la **vita della comunità cittadina**.
Inoltre, una certa quantità di persone, come architetti, scultori, orafi, vetrai ecc., era impegnata nell'**edificazione delle cattedrali cittadine** (che in genere si prolungava per decenni e talvolta anche per secoli), facendo della "**fabbrica**" della cattedrale anche un importante centro economico.

Lessico

Cattedrale
È la chiesa principale di una città, dove si trova la cattedra del vescovo, cioè il seggio dal quale istruisce i fedeli e presiede le cerimonie religiose.

GUIDA allo studio

Che cosa succede nel 380? **Con la risposta corretta completa il quinto tassello della mappa a p. 70.**

- ☐ Riprendono le persecuzioni
- ☐ Le chiese vengono trasformate in templi
- ☒ Il cristianesimo diventa religione ufficiale
- ☐ Cade l'Impero romano d'Occidente

Completa la frase scegliendo tra le parole indicate quelle corrette. Poi compi la stessa operazione nel sesto tassello della mappa a p. 70.

vittoria – vescovi – cattedrale – caduta – cittadini – riferimento – raccolta

Dopo la CADUTA dell'Impero romano d'Occidente (476) i VESCOVI diventano i nuovi punti di RIFERIMENTO religioso e civile

LEZIONE 3

indaghiamo

CONOSCI LA TUA CATTEDRALE?

La cattedrale è, in molte città, **l'edificio più imponente e importante**. Soprattutto in Italia, dove anche centri urbani piuttosto piccoli erano sede di un vescovo, le cattedrali sono numerose e quasi sempre si tratta di costruzioni splendide, situate in una posizione elevata o affacciate su una piazza contornata da palazzi altrettanto magnifici, che erano sede del potere religioso e politico. Per motivi non solo religiosi, ma anche artistici e culturali, **è utile che ciascuno conosca la cattedrale della diocesi in cui vive**, che magari sorge proprio nella città in cui abita.

La **Cattedrale di San Nicola Pellegrino** a **Trani** in Puglia, edificata a partire dal 1099 su un edificio di culto risalente al IV secolo.

Raccogli alcune informazioni fondamentali e completale con delle fotografie.

- Quando è stata costruita la cattedrale della tua città?

....

....

- In quale stile architettonico (romanico, gotico, barocco)?

....

....

- Ospita al suo interno opere d'arte di rilievo?

....

....

- Quali sono le condizioni di conservazione? È stata restaurata di recente?

....

....

- Incolla qui due fotografie, una dell'interno e una dell'esterno e scrivi per ognuna una breve didascalia.

intervista a Teodosio

TEODOSIO, TU SEI STATO UN IMPERATORE IMPORTANTE: IN QUALI ANNI HAI REGNATO?

Io sono diventato imperatore a 32 anni, nel 379, e ho regnato fino alla mia morte, nel 395.

NEL 380 HAI PROMULGATO L'EDITTO DI TESSSALONICA. MA È VERO CHE GLI IMPERATORI POTEVANO FARE QUELLO CHE VOLEVANO CON LA CHIESA?

È vero che un editto imperiale, anche una volta promulgato, può sempre essere revocato e il cristianesimo poteva piombare di nuovo nella clandestinità, ma questo non vuol dire che l'imperatore potesse fare con la Chiesa quel che voleva

L'IMPERATORE ERA SOTTOMESSO ALLA CHIESA, QUINDI?

L'imperatore, come ogni cristiano, era tenuto a obbedire alla Chiesa. Come capo politico dell'Impero romano, doveva cercare forme di collaborazione con il Papa e con i vescovi, trovare un equilibrio tra i poteri...

E VI FURONO MOMENTI DI TENSIONE?

Sicuramente. Il più impegnativo, per me, fu con Ambrogio, vescovo di Milano. Quello fu un momento veramente duro.

CHE COSA ACCADDE?

Nel 390 a Tessalonica era stato ucciso Boterico, il comandante delle truppe romane. Per vendicarlo e fare capire a tutti che l'autorità dei romani era da rispettare, decisi di fare uccidere circa 7000 tessalonicesi. Quando lo seppe Ambrogio andò su tutte le furie. Pretese da me un gesto pubblico di pentimento.

E CI FU?

Per forza! Altrimenti non mi avrebbe fatto entrare in chiesa neppure per la Messa di Natale. Ho riconosciuto il mio errore (in effetti avevo esagerato!) e Ambrogio mi ha riaccolto tra i fedeli.

A TE SI DEVE ANCHE L'OBBLIGO DELLA FESTA DOMENICALE.

Certo, nel 383 ho reso obbligatorio per legge il giorno di riposo settimanale e l'ho chiamato "domenica", per ricordare che è un giorno dedicato al Signore (in latino si dice *dominus*). Qualcuno se ne dovrebbe ricordare anche oggi!

LEZIONE 4

AUDIOLETTURA

LA CHIESA TRA ORIENTE E OCCIDENTE

Ma tu sai da quanti anni c'è la tua parrocchia?

Il ruolo dei vescovi in Occidente

Tra il IV e il V secolo i **vescovi** acquisirono un **rilievo sempre maggiore** nella vita ecclesiastica e civile. Tra i vescovi più importanti ricordiamo **Ambrogio** a Milano, **Agostino** a Ippona (in Africa), **Paolino** a Nola e **Giovanni Crisostomo** a Costantinopoli.

I vescovi, anche in sedi meno importanti, svolsero un ruolo prezioso nel facilitare l'**incontro fra la cultura romana e quella germanica**. La conversione dei barbari al cristianesimo, poi, favorì l'**integrazione fra le diverse popolazioni** presenti nei regni romano-barbarici sorti nei territori che un tempo avevano fatto parte dell'Impero romano d'Occidente.

La diffusione della Chiesa nelle campagne

il cristianesimo si diffonde nelle campagne

Tra il V e il VI secolo il cristianesimo si andò radicando in maniera sempre più forte anche nelle **campagne**, dove per molto tempo era sopravvissuta la religione pagana. Anche nelle chiese di campagna, chiamate nei documenti "**parrocchie**" o "**pievi**", iniziarono a essere celebrati battesimi e altre funzioni religiose che fino ad allora si svolgevano solo nelle chiese più importanti.

A partire dal VI secolo presso le parrocchie dei villaggi iniziarono a risiedere stabilmente dei sacerdoti, che divennero **punti di riferimento per il culto** e assolsero anche **compiti assistenziali e di istruzione** per la popolazione. In particolare, la cura svolta da sacerdoti e diaconi in favore delle persone bisognose è attestata a partire dal VI secolo: nei documenti si legge che i beni delle chiese sono "*i beni dei poveri*". Inoltre, presso le parrocchie i ragazzi dei contadini poveri erano istruiti nel canto e nella lettura.

Sant'Ambrogio, mosaico del V secolo; Milano, Basilica di San Vittore.

I missionari in Europa

l'evangelizzazione dell'Europa alla base della sua unità

In questo periodo di forte crisi politica, la Chiesa conobbe una **nuova stagione missionaria**. L'evangelizzazione di nuovi territori fu il primo contributo per la formazione dell'**unità culturale europea**, le cui basi furono poste dall'unificazione religiosa.

Una figura determinante nel processo di unificazione culturale e religiosa fu quella di papa **Gregorio Magno** (590-604). Gregorio affermò con forza il **primato di Roma**, e quindi del

La storia oggi
A Costantinopoli, l'attuale Istanbul, **Giustiniano** (il mosaico che lo ritrae si trova nella Basilica di San Vitale a Ravenna) fece costruire la **Basilica di Santa Sofia**. Chiesa simbolo dell'Oriente cristiano, fu cattedrale cristiana di rito bizantino fino al 1054, sede patriarcale greco-ortodossa e poi cattedrale cattolica. Nel XV secolo fu trasformata in moschea e dal 1935 è un museo statale. Papa Francesco, in occasione del suo viaggio in Turchia nel 2014, si è recato in visita a Santa Sofia, come avevano già fatto Paolo VI, Giovanni Paolo II e Benedetto XVI.

Pontefice, **su tutta la cristianità** e promosse lo **slancio missionario** in tutta l'Europa. Al suo nome è legata anche un'importante riforma liturgica e musicale.
Il processo di espansione missionaria durò secoli e lentamente diede all'Europa un **modo comune di pensare**, di considerare la **realtà terrena e ultraterrena**. Non possiamo dire, a rigore, che il cristianesimo sia l'unica radice culturale dell'Europa, poiché il patrimonio culturale europeo è anche il frutto dell'incontro di molte e diverse tradizioni, come quella greco-romana, quella celtica, quella slava, quella araba. Ma il **cristianesimo** ha avuto la funzione di **amalgamare gli elementi di queste culture** componendoli in una visione del mondo ispirata al messaggio del Vangelo.

L'imperatore e la Chiesa d'Oriente

la Chiesa in Oriente

Sebbene l'autorità del Papa fosse riconosciuta in tutto il mondo cristiano, era sentita in maniera più debole nell'Impero romano d'Oriente. Qui si creò invece un legame molto stretto fra l'**imperatore** e il **vescovo (detto "patriarca") di Costantinopoli**. In particolare, l'imperatore **Giustiniano**, nella sua opera di riorganizzazione dell'Impero, **affidò ai vescovi la guida politica di molte città**, incaricandoli di amministrare la giustizia, di realizzare opere pubbliche e persino di stabilire il valore di pesi e misure.
Per diversi secoli gli imperatori d'Oriente mantennero questo stretto legame, non solo religioso, con la Chiesa, intervenendo spesso direttamente anche in questioni che riguardavano la fede e la dottrina, suscitando talvolta **proteste da parte del Papa**.

GUIDA allo studio

Che cosa deriva dall'unificazione religiosa dell'Europa? Con la risposta corretta completa il settimo tassello della mappa a p. 70.

- ☐ La formazione dell'unità con la Chiesa d'Oriente
- ☐ La separazione dall'Oriente
- ☐ La formazione dell'unità culturale europea
- ☐ L'indebolimento di Roma

APPROFONDIAMO
- Cirillo e Metodio patroni d'Europa
- La riforma liturgica e musicale di papa Gregorio Magno

AUDIO
- Ascoltiamo il canto gregoriano

orientarsi nella storia

L'EUROPA MISSIONARIA

CARTA INTERATTIVA

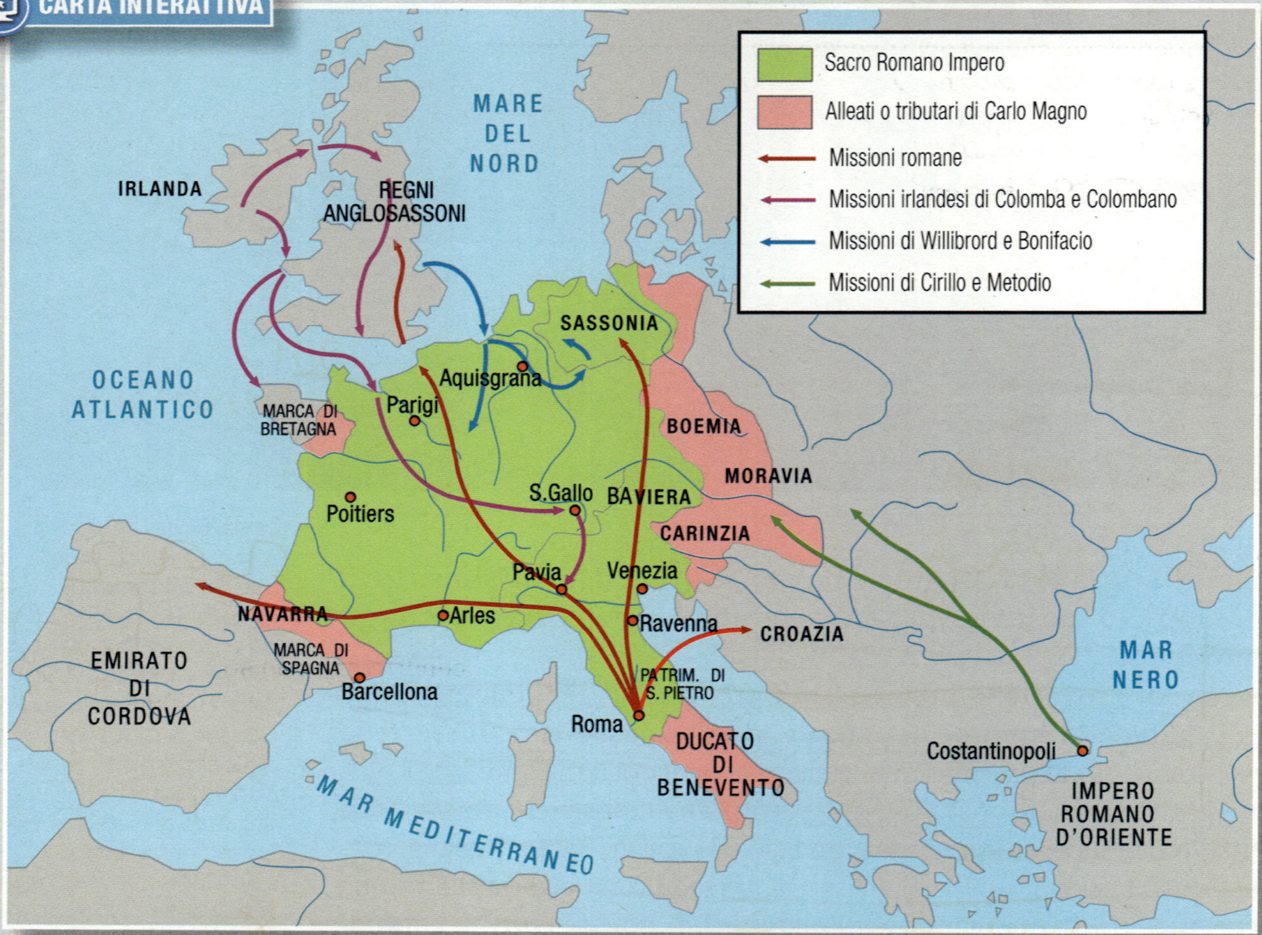

Questa carta illustra le diverse **missioni di evangelizzazione** che percorsero l'Europa occidentale **a partire dal VII secolo fino al X secolo**. Per ciascuna missione, scrivi l'itinerario percorso.

- Le **missioni romane** (VI secolo) sono chiamate in questo modo perché partirono da .... e interessarono le regioni di ....
- Le **missioni di Colomba e Colombano** (due monaci vissuti tra il VI e il VII secolo) partirono da .... e interessarono le regioni di ....
- Le **missioni di Willibard e Bonifacio** (due monaci vissuti nell'VIII secolo) partirono da .... e interessarono le regioni di ....
- Le **missioni di Cirillo e Metodio** (vescovi slavi vissuti nel IX secolo, vedi l'approfondimento digitale) partirono da .... e interessarono le regioni di ....
- Quali regioni dell'Europa rimasero escluse da questa ondata missionaria?

....

approfondiamo

COME SONO NATE LE CAMPANE?

Fu **Paolino da Nola**, vescovo e santo vissuto nel V secolo, ad avere l'idea di usare un catino rovesciato percosso con un bastone metallico per richiamare i fedeli alle funzioni. Così nacque la **campana**, la più fortunata invenzione medievale, che già nel IX secolo era ormai di uso comune.
Le campane furono il principale mezzo di comunicazione di massa del Medioevo. Il loro suono, infatti, giungeva ovunque e chiunque era in grado di comprendere il segnale sonoro lanciato attraverso di esse. Secondo gli storici, le campane svolgevano **funzioni religiose ma anche sociali**: erano suonate per tenere lontane le presenze demoniache; per chiamare i fedeli alla preghiera e al culto; per dare l'allarme in caso di pericoli (incendi, alluvioni, attacchi di nemici); scandivano le ore della giornata; segnalavano le feste religiose e civili.

La costruzione delle campane

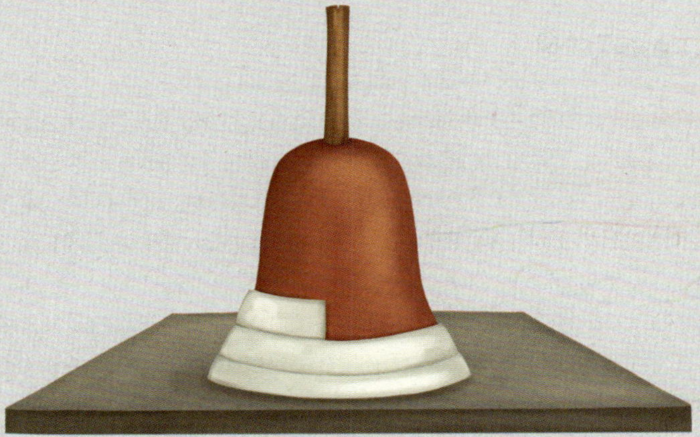

Sopra una bozza di argilla viene costruita l'anima della campana con strisce di cera.

La cera è ricoperta con uno strato di argilla, che costituisce l'altra faccia dello stampo.

Lo stampo così formato è posto in un forno, per sciogliere lo strato di cera e creare così lo spazio per colare il bronzo.

Viene versato il bronzo liquido (1200 °C), che cola nello spazio lasciato vuoto dalla cera fusa

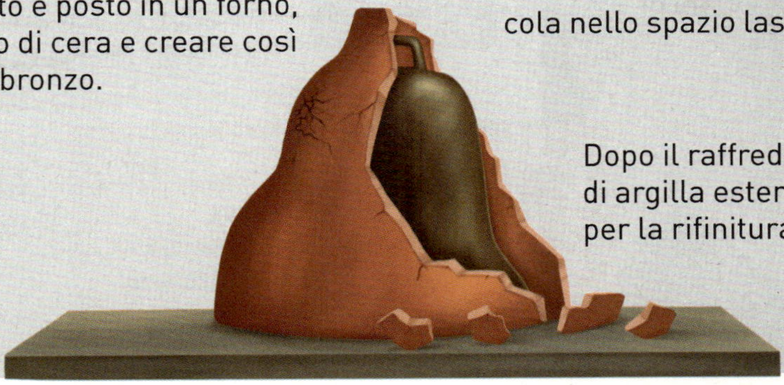

Dopo il raffreddmento si rompe lo strato di argilla esterna e si libera la campana per la rifinitura.

LEZIONE 5

AUDIOLETTURA

LA NASCITA DELL'ISLAM

Il Papa ha pregato con il Gran Mufti nella Moschea blu a Istanbul. Ma allora cristiani e musulmani possono dialogare!

Una frattura religiosa, politica e culturale

la nascita dell'islam

All'inizio del VII secolo, quando lo slancio missionario della Chiesa stava portando il Vangelo anche nelle regioni dell'Europa dove fino a quel momento non era giunto, all'interno del mondo mediterraneo si creò una spaccatura. Questa frattura, prima religiosa e poi anche politica e culturale, fu dovuta alla comparsa di una **nuova religione**, quella **islamica**, la quale, pur non essendo del tutto estranea alla tradizione ebraico-cristiana, manifestò subito caratteristiche tali da porla **in antagonismo con il cristianesimo**.

Muhammad, il Profeta

Muhammad

La religione islamica, o **islam**, venne fondata da **Muhammad** (in italiano "**Maometto**"), nome che in arabo significa "il lodato". Muhammad nacque intorno al 570 a La Mecca, città della penisola arabica, da una famiglia di mercanti e in un contesto religioso dominato dal **politeismo**.

Inizialmente Muhammad si dedicò alle attività commerciali e grazie ai numerosi viaggi venne a contatto con **alcune comunità di ebrei e di cristiani** presenti in Arabia. La conoscenza del monoteismo ebraico-cristiano provocò in lui una profonda crisi religiosa, tanto che egli decise di ritirarsi a meditare in una grotta nei pressi di La Mecca. Qui, secondo la tradizione, avrebbe avuto visioni dell'arcangelo Gabriele e, durante quella che egli chiamò la "Notte del Destino", Muhammad ebbe la certezza di essere stato scelto come **profeta** dell'unico Dio, ***Allah***. La rivelazione avuta da Muhammad, secondo la tradizione, gli sarebbe stata comunicata già completa e perfetta in quello che poi divenne il **libro sacro dell'islam: il Corano**.

L'arcangelo Gabriele si rivela a Maometto sul monte Hira, miniatura turca del 1595; Istanbul, Biblioteca del Museo di Topkapi.

L'*Égira* e il ritorno a La Mecca

la fuga a Medina e il ritorno alla Mecca

Muhammad iniziò a predicare la nuova religione nel 610, ma incontrò una dura **opposizione** da parte dei suoi concittadini, che non erano disposti ad abbandonare le loro credenze politeiste a favore del monoteismo da lui proposto. L'ostilità fu tale che nel **622** Muhammad dovette **fuggire da La Mecca** per rifugiarsi a

Lessico

Islam
Il termine "islam" significa "sottomissione a Dio" ed è stato scelto da Muhammad per indicare la nuova religione da lui fondata.

Yatrib, che prese poi il nome di **Medina**, "Città del profeta". Questo evento, noto con il nome di ***égira***, ebbe fin da subito un'importanza molto grande nella storia dell'islam, tanto che il 622 è il **punto di partenza per il computo degli anni in tutto il mondo islamico**.
A Medina Muhammad divenne un uomo importante, tanto che nel 630 poté fare **ritorno a La Mecca** guidando un esercito di 10 000 uomini. Una volta entrato in città, distrusse gli idoli pagani e **impose la nuova religione**. Delle antiche credenze politeiste egli conservò soltanto il **culto della pietra nera**, legato alle figure bibliche di Noè e di Abramo. Questa antica tradizione venne assunta nell'islam, che attribuì grande importanza anche al santuario in cui la pietra era custodita, la *Ka'ba*.

La storia oggi
La **tomba di Muhammad a Medina** è una meta di pellegrinaggio per i musulmani di tutto il mondo.

Una nuova religione, un nuovo impero e una nuova cultura

i musulmani creano un nuovo impero

Alla morte di Muhammad, nel 632, le tribù di beduini che popolavano la penisola arabica avevano aderito ormai tutte alla nuova religione e si erano unite anche politicamente riconoscendo nel Profeta non solo un leader religioso, ma anche un **capo politico e militare**.
Negli anni successivi i **musulmani** riuscirono a conquistare territori vastissimi, creando un **nuovo potente impero** nel quale tutte le espressioni culturali e artistiche erano subordinate alla religione e dove vennero imposte le leggi contenute nel *Corano*.
Gli arabi, almeno all'inizio, si accontentarono di **mantenere il controllo militare dei territori conquistati**: le popolazioni sottomesse poterono continuare a dedicarsi alle loro attività, coltivando la terra o praticando i commerci. La **religione ufficiale** era ovviamente l'islam, cui si convertirono anche molti cattolici, ma per un certo periodo tutti erano liberi di professare liberamente la propria fede, con l'unico obbligo, per chi non era musulmano, di pagare una tassa speciale, ma non troppo onerosa.
Anche dal punto di vista **culturale**, l'islam si propose con un'identità molto forte, favorita soprattutto dall'uso della **lingua araba**, indispensabile per la lettura del *Corano*.

Lessico

Musulmani
Nome dato ai fedeli della religione islamica, che deriva dall'arabo *muslim* e significa "sottomesso".

GUIDA allo studio

Ricostruisci la frase seguente e poi riportala nell'ottavo tassello della mappa a p. 70.

Muhammad viene a contatto – nel Mediterraneo – nasce l'islam – si crea una divisione: – All'inizio del VI – con il monoteismo ebraico-cristiano e

interpretiamo un edificio sacro

LA MOSCHEA

1 All'interno della moschea vi è una grande **area centrale per la preghiera**. L'ambiente è decorato con arabeschi, mai con rappresentazioni di figure viventi, perché, secondo l'insegnamento di Maometto, le immagini possono incoraggiare l'idolatria, cioè diventare più importanti di ciò che rappresentano.

2 Lo spazio è orientato verso la ***qibla***, la direzione della preghiera verso la Mecca. La *qibla* è indicata dal ***mihrab***, una nicchia che sottolinea la direzione della preghiera e richiama alla memoria dei credenti la presenza ideale del profeta Maometto tra i suoi seguaci.

3 Dal pulpito, ***minbar***, l'**imam**, colui che guida la preghiera del venerdì sera, tiene il sermone. Il *minbar* è composto da una scala con corrimano, solitamente ornata, che conduce a una piccola piattaforma coperta da una piccola cupola.

4 Molte moschee hanno un largo **cortile** nel quale si trova una fontana o qualche altra fonte d'acqua per le abluzioni. Prima di entrare nella moschea i musulmani **tolgono le scarpe** per preservare la pulizia dello spazio di preghiera.

orientarsi nella storia

L'ESPANSIONE DELL'IMPERO ISLAMICO

Tra il VII e il IX secolo l'islam conobbe una **diffusione formidabile**, sia dal punto di vista religioso sia sotto il profilo delle conquiste territoriali. I protagonisti della prima espansione furono gli immediati successori di Muhammad (chiamati "califfi"). La conquista proseguì poi durante le due grandi dinastie degli **Omayyadi** e degli **Abbasidi**, che portarono l'Impero musulmano alla massima espansione territoriale.

Osserva la carta che illustra **l'espansione islamica tra il VII e l'VIII secolo** e completa le didascalie nei riquadri, indicando i territori che caddero sotto il dominio musulmano.

L'avanzata degli arabi si fermò a Oriente lungo i confini con .... e a Occidente presso il confine con il regno dei ....

I primi califfi conquistarono vasti territori nelle regioni di ....

CARTA INTERATTIVA

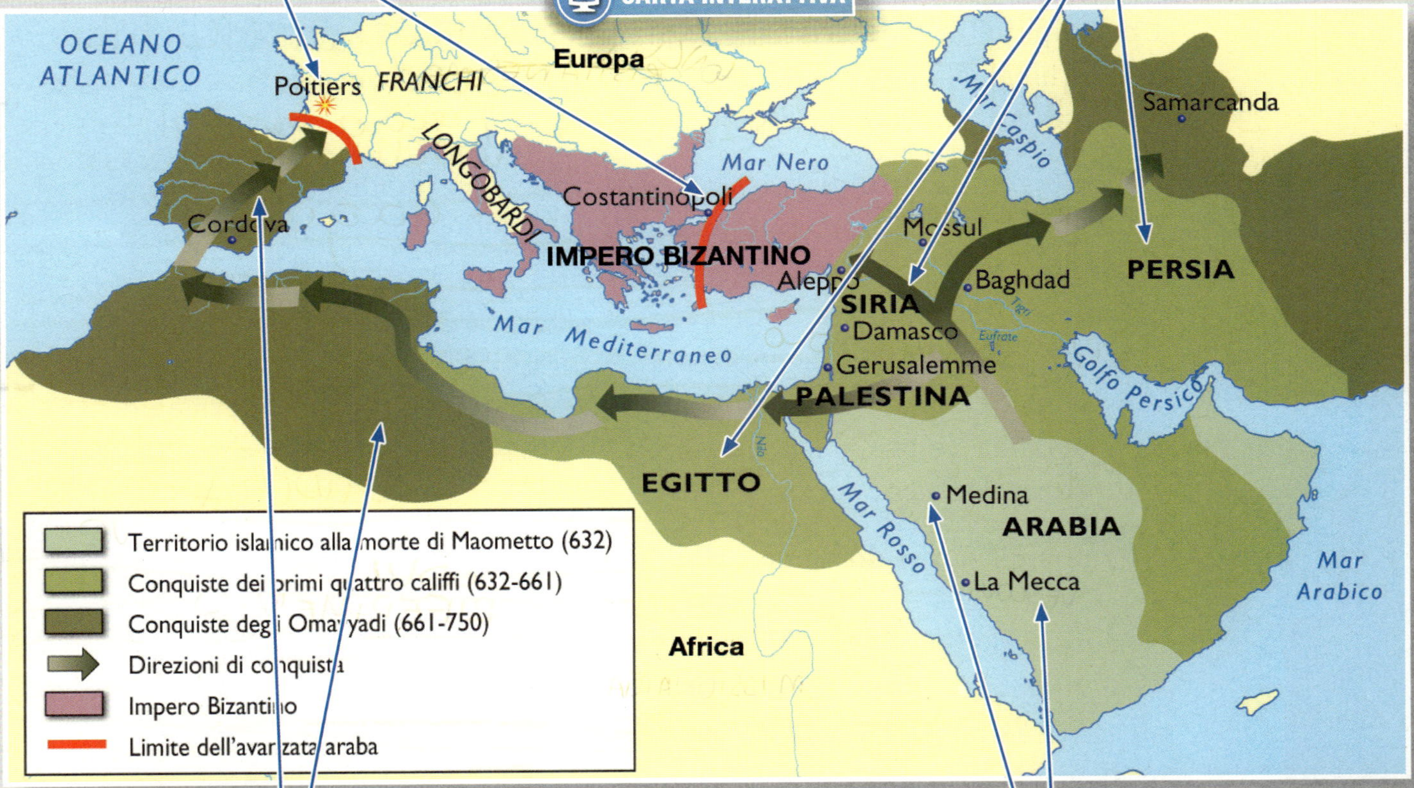

Durante la dinastia degli Omayyadi l'espansione islamica si concentrò soprattutto ....

Durante la vita di Muhammad gli arabi operarono l'unificazione politica e religiosa della ....

Facciamo il punto

Completa il riassunto della sezione inserendo correttamente le parole elencate di seguito.

vescovi • missionaria • Roma • ruolo • Costantino • persecuzione • concili • cristianesimo

1. Il cristianesimo si diffonde nei territori dell'Impero romano e ....ROMA.... diventa il centro della cristianità. I romani si mostrano ostili nei confronti dei cristiani e nel 64 Nerone scatena la prima .... Vedendo i martiri morire per la propria fede molti si convertono e il cristianesimo si rafforza.

2. Quando diventa imperatore ....COSTANTINO.... i rapporti con i romani migliorano. Nel 313 l'editto di Milano sancisce la libertà di culto per tutte le religioni e i cristiani possono professare pubblicamente la loro fede. I principi della fede cristiana si precisano grazie sia agli scritti dei Padri della Chiesa sia con sinodi e .... convocati per arginare le eresie all'interno della Chiesa stessa.

3. Nel 380 con l'Editto di Tessalonica l'imperatore Teodosio proclama il .... religione ufficiale dell'Impero romano. I rapporti tra Chiesa e Impero diventano molto stretti: l'Impero cercherà di influenzare la Chiesa e la Chiesa ricoprirà un sempre maggiore ....RUOLO.... politico e culturale. Dopo la caduta dell'Impero romano d'Occidente nel 476, durante l'invasione dei popoli germanici, l'importanza della Chiesa cresce e i vescovi diventano punti di riferimento religioso e politico.

4. Il cristianesimo si diffonde nelle campagne. Nelle città si rafforza il ruolo dei ....VESCOVI.... che contribuiscono all'incontro tra la cultura romana e quella germanica. L'unificazione religiosa dell'Europa, frutto di una nuova stagione ....MISSIONARIA...., è il primo contributo all'unificazione culturale del continente.

La diffusione del cristianesimo in Europa ha lasciato traccia anche in alcuni proverbi e modi di dire, nati proprio nel Medioevo, che presentano chiari riferimenti alla cultura cristiana. Eccone alcuni:

1. avere un diavolo per capello
2. essere al settimo cielo
3. l'abito non fa il monaco
4. qui è un paradiso
5. bello come un angelo
6. brutto come il diavolo
7. aiutati che il ciel ti aiuta

1. ....
2. ....
3. ....
4. ....
5. ....
6. ....
7. ....

Sapete che cosa vogliono dire queste espressioni? Discutetene tutti insieme e quando avrete trovato un accordo sul loro significato, riportatelo sulle righe corrispondenti. Poi ciascuno scelga un'espressione e scriva una frase che la contenga che poi leggerà alla classe.

La tabella che segue mette a confronto alcune caratteristiche proprie delle tre grandi religioni monoteistiche. Completala, inserendo nel modo corretto le informazioni mancanti.

Corano – sinagoga – domenica – venerdì – *Allah* – *Yahwéh* – rabbino

	Ebraismo	Cristianesimo	Islam
Testo sacro	Bibbia (Antico Testamento)	Bibbia (Antico + Nuovo Testamento)	....
Luogo di culto	....	Chiesa	Moschea
Giorno festivo	Sabato	....	....
Il dio unico si chiama...	....	Dio	....
Ministro del culto	....	sacerdote	imam

SEZIONE 7

Costruiamo la nostra mappa

1 Il cristianesimo si diffonde nei terr. dell'impero romano

2 64 d.C. cominciano le persecuzioni contro i cristiani

3 Nel 313 l'**Editto di Costantino** riconosce LA LIBERTÀ DI CULTO A TUTTE LE RELIG e quindi anche al cristianesimo

4 I contenuti della fede cristiana si vanno precisando: SINODI e CONCILI ne fissano principi e dogmi.

5 Nel 380 con l'**Editto di Tessalonica** IL CRISTIANESIMO dell'Impero romano diventa religione ufficiale

6 Dopo la CADUTA dell'Impero romano d'Occidente (476) i VESCOVI diventano i nuovi punti di RIFERIMENTO religioso e civile

7 Il cristianesimo si diffonde in Europa: l'unificazione religiosa pone le basi per LA FORMAZIONE CULTURALE EUROPEA

8 All'inizio del VII sec. nel mediterraneo si crea una divisione: Maometto viene a contatto con il mondo ebraico-cristiano e nasce l'islam

Verifichiamo le conoscenze

1 Che cosa diffondevano i cristiani nell'Impero romano?

- ☐ Una nuova dottrina che, in nome della fratellanza, tendeva a eliminare le distinzioni di classe
- ☐ Una nuova dottrina che, in nome dell'oligarchia, tendeva a richiedere la sottomissione ad alcuni capi
- ☐ Una nuova dottrina che, in nome dell'egemonia, tendeva a richiedere la sottomissione a un unico uomo
- ☐ Una nuova dottrina che, in nome dell'anarchia, tendeva a eliminare ogni forma di governo politico

2 Perché i romani perseguitavano i cristiani?

- ☐ Non pagavano le tasse
- ☐ Non osservavano le leggi romane
- ☐ Non riconoscevano l'autorità religiosa dell'imperatore
- ☐ Non riconoscevano l'autorità politica dell'imperatore

3 Che cosa significa la parola martire?

- ☐ Testimone
- ☐ Morto in modo violento
- ☐ Seguace di Gesù
- ☐ Santo

4 Perché Costantino si mostrò favorevole ai cristiani?

....

....

5 Nel linguaggio religioso, il termine "eresia" indica una dottrina che contraddice:

- ☐ una verità religiosa scoperta da un santo
- ☐ una verità rivelata da Dio e custodita dalla Chiesa
- ☐ una verità dimostrata dalla scienza
- ☐ una verità condivisa da tutti

6 Collega ciascun termine con la definizione corretta.

1. Concilio	**a.** Si oppone alla dottrina ufficiale
2. Dogma	**b.** Verità oggetto di fede
3. Eresia	**c.** Assemblea di vescovi
4. Scisma	**d.** Retta fede
5. Scomunica	**e.** Divisione all'interno di una comunità religiosa
6. Ortodossia	**f.** Esclusione dalla pienezza della comunione ecclesiale

7 Completa le frasi inserendo le parole mancanti

Chiesa • creazione • cristianesimo • Europa • Impero • primato • Tessalonica • Teodosio • vescovo • 380

Nel .... , con l'Editto di .... , Teodosio, proclamò il .... religione ufficiale dell'.................................... . ... riconobbe il .... del .... di Roma su tutti i vescovi. Dopo l'Editto di Tessalonica, la .... assunse un ruolo sempre più importante nelle vicende storiche dell'.................................... e contribuì in modo determinante alla .... della "civiltà europea".

8 Indica se queste affermazioni sono vere V o false F.

- Tra il IV e il V secolo il prestigio della Chiesa crebbe sia in Occidente sia in Oriente **V F**
- Nelle città la cattedrale divenne un punto di riferimento non solo religioso, ma anche politico ed economico **V F**
- Nelle campagne la Chiesa garantiva assistenza e istruzione alla popolazione **V F**
- Leone I diede nuovo slancio all'opera missionaria in Europa **V F**
- Il pontificato di Gregorio Magno fu importante per l'unificazione culturale e religiosa dell'Europa **V F**

9 Scegli il completamento corretto.

La chiesa cattedrale è:

- ☐ la chiesa in cui ha sede il vescovo
- ☐ la chiesa in cui ha sede un parroco
- ☐ la chiesa di Roma
- ☐ la chiesa più grande di una città

10 Quando, dove e per opera di chi ebbe origine l'islam

....

....

....

....

....

....

SEZIONE 7 COMPETENZE IN AZIONE

Testimoniare oggi

Ogni giorno vi sono cristiani che perdono la vita per testimoniare la loro fede. Nel mondo l'80% delle persone uccise a causa della loro religione sono cristiani. Si stima che il cristianesimo, nel corso della sua storia bimillenaria, abbia avuto 70 milioni di martiri, dei quali 45 milioni nel XX secolo. Dal 2000 al 2010 i martiri cristiani sono 150 000 all'anno e secondo i dati OCSE viene ucciso un cristiano ogni 5 minuti.

- Cercate informazioni leggendo con attenzione i quotidiani e ascoltando i telegiornali. L'insegnante di religione, poi, saprà fornirvi dei materiali per integrare le vostre ricerche.
  Il vostro compito è quello di organizzare una campagna informativa che permetta a tutti gli studenti della vostra scuola (ma i destinatari possono essere anche i vostri familiari o gli amici al di fuori della cerchia scolastica) di conoscere questo fenomeno.

- Raccogliete con cura tutte le testimonianze e, a partire dalle informazioni raccolte, preparate:

1. **una serie di articoli** per spiegare:
   - che cos'è il fenomeno del martirio oggi;
   - chi sono i nuovi martiri;
   - quali sono le aree geografiche e i Paesi dove i cristiani vengono maggiormente perseguitati e spesso uccisi;
   - in che modo avvengono le persecuzioni;
   - per quali motivi tutto questo avviene.

   Se nella vostra scuola esiste un giornale di istituto (cartaceo o multimediale), fate pubblicare i vostri articoli, se no chiedete che vi venga riservato uno spazio sul sito web della scuola, in modo che tutti possano leggerli.
   Pubblicate anche alcune delle testimonianze più significative tra quelle raccolte. Naturalmente il materiale può essere arricchito nel tempo, con nuove testimonianze.

2. **un cartellone** che, con il permesso del preside, appenderete su una parete della vostra scuola, possibilmente in un punto in cui sia ben visibile.
   Sul cartellone disegnate un planisfero e poi suddividete per aree geografiche alcune delle testimonianze che avete utilizzato per i vostri articoli, corredate di fotografie e testi esplicativi.

SEZIONE 8

LA CHIESA NELLA STORIA: IL MEDIOEVO

Lezioni

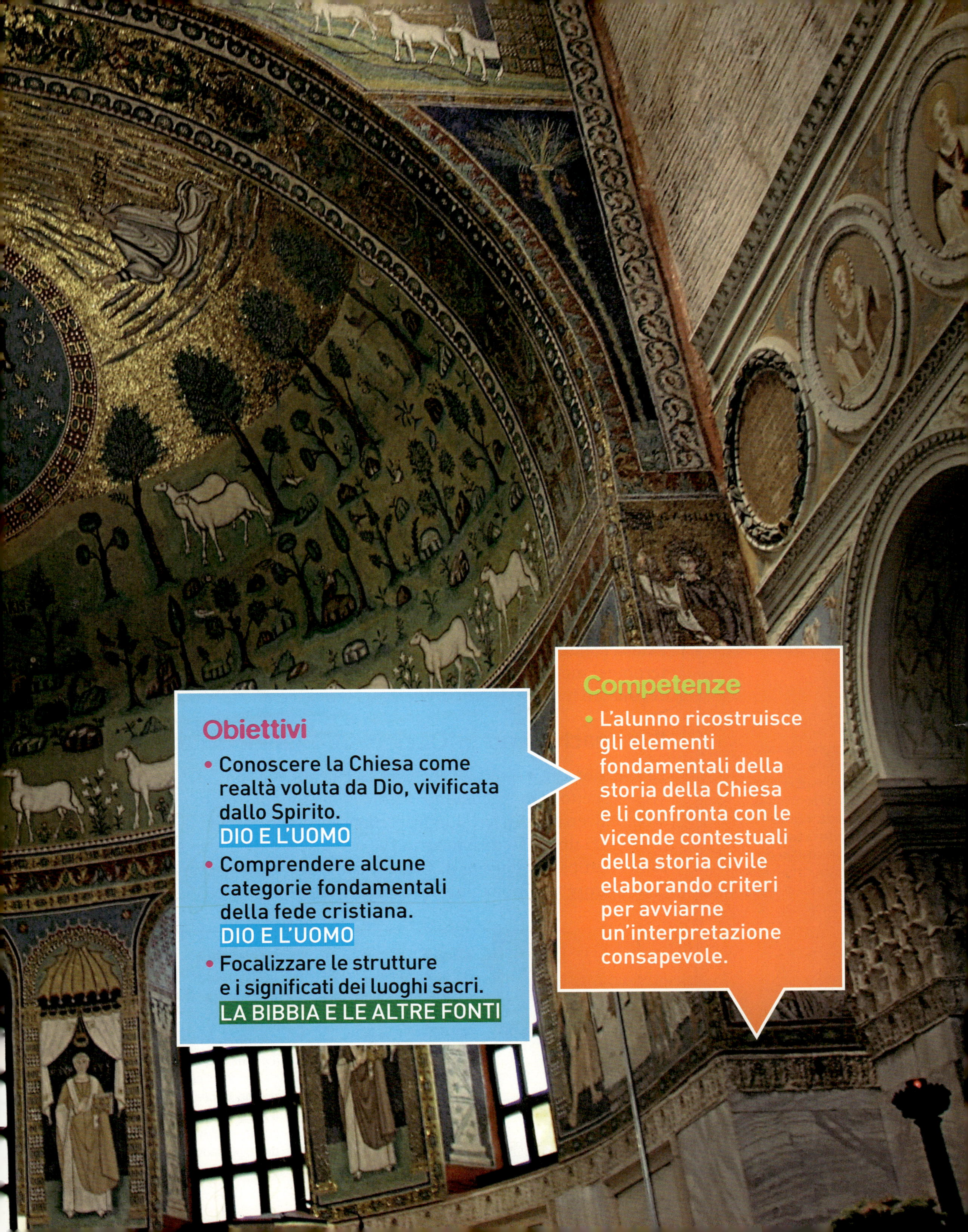

Obiettivi

- Conoscere la Chiesa come realtà voluta da Dio, vivificata dallo Spirito.
  DIO E L'UOMO
- Comprendere alcune categorie fondamentali della fede cristiana.
  DIO E L'UOMO
- Focalizzare le strutture e i significati dei luoghi sacri.
  LA BIBBIA E LE ALTRE FONTI

Competenze

- L'alunno ricostruisce gli elementi fondamentali della storia della Chiesa e li confronta con le vicende contestuali della storia civile elaborando criteri per avviarne un'interpretazione consapevole.

LEZIONE 1

AUDIOLETTURA

IL MONACHESIMO

C'è qualcosa di buono nella solitudine?

La nascita del monachesimo orientale

il monachesimo nasce in Oriente

Il monachesimo nacque dall'**esperienza tutta spirituale** di persone che, per meglio dedicarsi alla preghiera e alla meditazione delle Sacre Scritture, decisero di ritirarsi a **vivere in solitudine** in luoghi isolati, come **monaci**, termine che significa appunto "solitario".

Fondatore del monachesimo è considerato **Antonio** (250-356), il quale si ritirò nel **deserto egiziano**, vivendo in modo estremamente povero e passando il tempo in **preghiera** e in **meditazione**. Antonio conosceva solo la propria lingua, il copto, ed era analfabeta, ma la sua forte personalità e la sua fede attirarono presso di lui **molti seguaci**, che decisero di seguire il suo stile di vita. Questo tipo di monachesimo era detto **eremitico** o **anacoretico**.

Un'esperienza diversa fu invece quella di **Pacomio** (292-348), il quale, dopo un periodo di vita eremitica, fondò nella valle del Nilo una comunità di monaci, chiamata "**cenobio**". I monaci abitavano in un edificio, chiamato "**monastero**", chiuso da un muro di cinta, che segnava il distacco dal mondo. Qui i monaci vivevano in **solitudine** e in **preghiera**, dedicando parte del loro tempo anche a **lavori** necessari per la vita propria e della comunità, come coltivare piccoli orti, realizzare tessuti ecc. All'interno del monastero, i ritmi della vita comunitaria erano stabiliti da una **regola**, un insieme di norme che tutti i monaci erano tenuti a rispettare.

Il monachesimo in Occidente: Benedetto da Norcia

La vita monastica si diffuse anche in Occidente, ma con caratteristiche diverse rispetto al monachesimo orientale. In **Irlanda** sorsero tra il V e il VI secolo diversi monasteri. I monaci irlandesi erano animati da uno spirito attivo e da uno **zelo missionario** che li spinsero a diventare missionari in tutta l'Europa: "**pellegrini di Cristo**", come essi stessi amavano definirsi. Il **fondatore del monachesimo occidentale**, tuttavia, è considerato **Be-**

La storia oggi

San Colombano, monaco missionario irlandese, fondò, un monastero sull'isola scozzese di **Iona**, da cui partì l'opera di evangelizzazione della Scozia e dell'Inghilterra del nord. L'abbazia benedettina del XIII secolo, ricostruita nel secolo scorso, è ora sede di una comunità cristiana ecumenica.

Lessico

Monaci
Dal greco *mónos*, "solo": il monaco vive infatti in solitudine, condividendo con altri solo alcuni momenti della giornata.

Eremitico
Il termine greco *éremos* significa "solitario", "deserto": erano chiamati eremiti coloro che vivevano in luoghi deserti e disabitati.

Anacoretico
Dal greco *anachoreín*, che significa "ritirarsi in disparte".

Cenobio
Termine che deriva dall'unione delle parole greche *koinós*, "comune" e *bíos*, "vita" e indica la comunità nella quale due o più monaci fanno vita comune.

La storia oggi
Il **monastero di San Benedetto a Subiaco**, in provincia di Roma, costruito sopra il Sacro Speco, la grotta nella quale visse san Benedetto. Seguendo la ***Regola*** che san Benedetto stabilì i monaci benedettini pregano sette volte al giorno.

Benedetto fonda il monachesimo in Occidente

nedetto da Norcia, vissuto tra il 480 e il 547. La vita di Benedetto è narrata da un'unica fonte, una biografia scritta da Gregorio Magno. Si sa per certo che egli nacque a Norcia, in Umbria, da una **ricca e potente famiglia** che lo mandò a studiare a Roma. Molto presto, però (intorno ai 17 anni), egli decise di abbandonare gli studi e la carriera progettata per lui dalla famiglia e **si ritirò in solitudine** a **Subiaco**.

Una *Regola* per i monaci: *ora et labora*

la *Regola* di Benedetto

Nel 529 Benedetto riunì intorno a sé una comunità di monaci a **Montecassino**, dove si dedicò alla stesura di una ***Regola*** fondata su due principi fondamentali, riassunti poi nella famosa massima *Ora et labora*, "Prega e lavora". Nelle comunità che si ispiravano alla *Regola* di Benedetto, ai momenti di **preghiera comunitaria** e di **meditazione personale** che scandivano le ore della giornata, si alternavano tempi dedicati al **lavoro** necessario per il mantenimento della comunità.

I monaci che seguivano la *Regola* di Benedetto (chiamati "benedettini") abitavano stabilmente un **monastero** (che prese anche il nome di "**abbazia**"), sotto la guida di un **abate**, che aveva la dignità di un vescovo.

Lessico

Abbazia-Abate
Parola che deriva dall'aramaico *abbá*, che significa "padre". Dallo stesso termine, attraverso il latino *abbatía*, deriva anche il nome abbazia che indica il complesso edilizio nel quale vive una comunità di religiosi retti da un abate (o da una badessa se si tratta di una comunità femminile).

GUIDA allo studio

Tra le seguenti notizie su san Benedetto quali sono V vere e quali F false? Con le due risposte corrette completa **il secondo tassello della mappa a p. 106.**

- Nasce in Irlanda V F
- La sua famiglia è povera V F
- Riunisce la prima comunità a Subiaco V F
- Riunisce una comunità di monaci a Montecassino V F
- Scrive la *Regola* V F
- Privilegia il lavoro rispetto alla preghiera V F

APPROFONDIAMO
- Il monachesimo orientale tra erbivori e stiliti

DOCUMENTO
- Il silenzio nella *Regola* di Benedetto
- Eremiti oggi

parole per vivere insieme

SILENZIO

FARE SILENZIO

La scelta di "fare silenzio" che caratterizza la vita eremitica, è un **motivo di riflessione** per noi che viviamo in una società dove vince chi grida più forte; dove non sappiamo più ascoltare i nostri desideri più profondi e siamo diventati sordi ai bisogni degli altri; dove non si ha il tempo per fermarsi a pensare e a forza di correre non si sa più dove si vuole andare.

- Quale rapporto c'è, secondo te, tra il silenzio e la capacità di ascoltare? Perché è importante saper ascoltare se stessi? Credi abbia a che fare con l'essere autonomi e responsabili?
- Scrivi un elenco di sinonimi e di contrari oppure due brevi definizioni.

SILENZIO

è

non è

ITALIANO	ROMENO	SPAGNOLO	ARABO	CINESE
Silenzio	Liniște	Silencio	الصمت	沉默

rifletto e racconto la mia esperienza

VITA E PAROLE

Così scriveva Isidoro di Pelusio, un monaco eremita vissuto nel V secolo.

- Scriveresti questa frase su una t-shirt o sul tuo profilo Facebook? Per comunicare che cosa?

"Una vita senza parole può giovare più che le parole senza vita".

Un monaco eremita nell'Eremo di Minucciano, in provincia di Lucca.

intervista a Benedetto da Norcia

DOVE SEI NATO?

Sono nato verso il 480 a Norcia, in Umbria, da una famiglia benestante. Quando avevo 12 anni i miei genitori mi mandarono a studiare a Roma. Avrei dovuto diventare un avvocato, o qualcosa del genere...

E COME È ANDATA?

Quando avevo 17 anni ho capito che la mia strada era un'altra. Decisi di ritirarmi a vivere da solo in una grotta a Subiaco, a 70 chilometri da Roma.

E A SUBIACO COME ANDÒ?

Non è stato sempre facile. Pregavo e meditavo, in solitudine. Un eremita che viveva lì vicino, di nome Romano, mi procurava da mangiare calandomi nella grotta un cesto con del pane. È andata avanti così per tre anni...

E POI?

Alcuni uomini che vivevano lì nei dintorni dedicandosi alla preghiera mi vennero a cercare per dare vita a una comunità di monaci. E io accettai.

COME ANDÒ?

Non bene. Quei monaci mi rimproveravano di essere troppo severo e cercarono persino di avvelenarmi per liberarsi di me. A quel punto li ho lasciati e me ne sono tornato alla mia grotta...

E CI SEI RIMASTO?

No. Altri monaci mi vennero a cercare e allora decisi di fondare dei monasteri veri e propri, dove i monaci vivessero con una regola ben precisa. E se qualcuno non era d'accordo, poteva sempre andarsene, prima di cercare di farmi fuori!

INTORNO A TE SONO FIORITE MOLTE LEGGENDE, DICONO CHE HAI FATTO ANCHE DEI MIRACOLI...

Sì, è vero. Uno dei fatti più simpatici, però, è quello che riguarda il re dei Goti, Totila. Per vedere se ero davvero il santo che si diceva, mandò da me il suo scudiero travestito da re, mentre lui se ne stava indietro con i cavalli. Non so come, ma io ho capito subito che quell'uomo con la corona non era Totila. Il vero Totila rimase molto impressionato e pare che da quel momento abbia deciso di rigare dritto...

E MONTECASSINO?

È stata l'abbazia che ho amato di più, dove ho scritto la *Regola* e dove sono vissuto in pace con i miei fratelli monaci fino alla mia morte, nel 547.

LEZIONE 2

AUDIOLETTURA

I MONASTERI: PREGHIERA E LAVORO

Davvero i monaci hanno inventato le vignette?!

Le innovazioni nell'agricoltura

il lavoro

I monaci benedettini offrirono un contributo importantissimo allo sviluppo e al miglioramento del **lavoro agricolo**. Essi misero a punto **nuove e più efficienti tecniche** per **dissodare** i terreni, **bonificare** le zone paludose, incrementare la **viticoltura** e l'**orticoltura**; inoltre, perfezionarono la pratica degli **innesti** degli alberi da frutto.

In un tempo in cui le conoscenze tecniche erano scarse, i monaci, (straordinari costruttori secondo i contemporanei), fabbricavano **macchine** per accelerare il lavoro agricolo e avere più tempo a disposizione per la preghiera e per la vita contemplativa. Costruirono **mulini**, citati nelle vite dei santi come "*mirabile spettacolo per il nostro tempo*", e divennero abili nella fabbricazione di **utensili di ferro**, considerati di grande pregio, perché le materie prime erano scarse e pochi gli artigiani in grado di lavorarle.

Monaco benedettino nella biblioteca del **monastero di Leyre**, in Spagna.

Una vita di preghiera

la preghiera

All'interno del monastero, il tempo dedicato alle diverse attività era (ed è tuttora) scandito dalla **preghiera**. Ogni monaco, infatti, qualunque sia il suo impegno nell'abbazia, è tenuto al rispetto delle ore canoniche, cioè degli **otto momenti di preghiera collettiva** (Mattutino, Ora Prima ecc.), che si celebra anche di notte. Terminata la preghiera, i monaci si dedicano alle **attività manuali** (da quelle agricole a quelle artigianali) e alla **lettura**.

Studio e cultura all'interno dei monasteri

la cultura

Rilevante fu il ruolo dei monasteri benedettini nel campo della **cultura**. Quasi tutti i monaci, quando entravano nel monastero, erano analfabeti, come accadeva per gran parte della popolazione europea di allora. La *Regola* benedettina, però, prescrivendo la lettura e la meditazione dei testi sacri, stimolava ad **apprendere a leggere e a scrivere**.

Monache benedettine al lavoro nel **monastero di Santa Maria di Rosano**, in provincia di Firenze.

I monaci che si mostravano più portati per la scrittura diventavano **amanuensi**, cioè copisti "a mano". Ad essi era affidato il compito di trascrivere testi religiosi e opere degli scrittori antichi.
I monasteri, con le loro vastissime **biblioteche**, divennero nell'arco di pochi decenni veri **centri di cultura e di studio**. Le attività culturali svolte all'interno dei monasteri contribuirono in maniera decisiva a **salvare e a trasmettere il patrimonio culturale dell'antichità classica greca e romana**.

I monasteri femminili

si diffondono anche i monasteri femminili

In Oriente come in Occidente sorsero anche numerosi monasteri femminili. In Europa, tra i primi vi fu quello di **Arles**, in Provenza, fondato nel 513. Le monache di Arles **seguivano la *Regola* di san Benedetto**: si occupavano a turno dei lavori domestici e ogni giorno dedicavano almeno due ore alla lettura, in silenzio. Questo significa che **le monache sapevano leggere**, fatto insolito per le donne di quel tempo.
A partire dal VI secolo, monasteri femminili si diffusero in tutto l'Occidente. Alcuni furono fondati da **principesse**, come Radegonda di Turingia (VI secolo) o Gisella, sorella di Carlo Magno (IX secolo), e grande fu la loro **influenza sulla società** rispetto alla considerazione delle donne. Le **badesse** erano spesso **donne colte e raffinate**, il cui comportamento doveva rispecchiare la funzione di "madre spirituale", insegnando attraverso l'esempio e richiedendo alle discepole obbedienza e umiltà. Tra di loro vi furono scrittrici di grande valore, come **Roswita di Gandersheim**, che compose leggende in versi, commedie e persino un poema sulle gesta dell'imperatore Ottone I di Sassonia.

GUIDA allo studio

Ricostruisci la frase e poi **riportala nel terzo tassello della mappa a p. 106.**

nella storia della Chiesa – Il monachesimo – non solo – è stato importante – per lo sviluppo economico, scientifico e culturale della società – ma anche

interpretiamo un edificio sacro

L'ABBAZIA

I benedettini svolsero un **ruolo determinante** nei secoli del Medioevo, assolvendo funzioni che andavano al di là di quelle religiose, come rivela la struttura stessa delle abbazie. La costruzione dell'edificio era funzionale alla vita secondo la regola di Benedetto, articolando gli spazi per ospitare la preghiera e il lavoro, manuale o culturale, e anche per la cura e l'accoglienza dei pellegrini. I monaci coltivavano, a volte con l'aiuto di braccianti, la terra producendo ciò che serviva per la sopravvivenza e conservando le eccedenze in appositi magazzini. Alle stalle era annesso il caseificio per la lavorazione del latte. Perciò l'abbazia era una comunità autosufficiente.

- Osserva il modellino ricostruttivo dell'abbazia e riporta accanto a ciascuna immagine il numero della didascalia corrispondente.

1 Chiesa abbaziale
Era il centro della vita religiosa. Spesso l'ingresso era preceduto da un portico.

2 Chiostro
Gli edifici principali erano riuniti intorno al chiostro, un cortile interno circondato da portici, sotto i quali i monaci passeggiavano in preghiera o in meditazione.

3 Sala capitolare e refettorio
Nella Sala capitolare i monaci meditavano sulla *Regola* e discutevano i problemi della comunità. Nel refettorio mangiavano tutti insieme e in assoluto silenzio, ascoltando la lettura di passi della Bibbia.

4 Biblioteca e *scriptorium*
Nella biblioteca erano conservati i libri che venivano trascritti a mano e miniati (decorati) dai monaci amanuensi in un locale adiacente, lo *scriptorium*.

5 Dormitori
Nei dormitori erano ospitate le celle dei monaci, dove ciascuno riposava, pregava e, a volte, continuava il lavoro di copiatura dei libri.

6 Foresteria
La foresteria era destinata ai forestieri, cioè coloro che venivano da fuori (dalle strade che attraversavano le foreste, da cui il nome). Molti pellegrini vi trovavano ospitalità.

LEZIONE 3

AUDIOLETTURA

CRISI E RINNOVAMENTO DELLA CHIESA

È possibile essere poveri e possedere delle cose?

I difficili rapporti tra Papato e Impero

il potere politico corrompe alcuni uomini di Chiesa

Nel corso del Medioevo la Chiesa si trovò invischiata in **questioni di carattere economico e politico** che poco avevano a che fare con la sua missione spirituale. Dopo la nascita del Sacro Romano Impero di Carlo Magno (nell'anno 800), divenne sempre più frequente, da parte degli imperatori, l'usanza di **attribuire ai vescovi poteri di carattere civile e amministrativo** (creando i cosiddetti "vescovi-conti"). Questo contribuì a favorire **scandali e corruzione** tra gli uomini di Chiesa, molti dei quali si preoccupavano più di accrescere il proprio potere che di essere guide spirituali per i fedeli. Proprio dalla questione di chi, tra Papa e imperatore, avesse il diritto di nominare i vescovi-conti derivò una disputa destinata a protrarsi per molti anni, nota con il nome di "**lotta per le investiture**".

La storia oggi
L'abbazia di Chiaravalle a Milano, fondata da san Bernardo. Dopo anni di abbandono i monaci cistercensi sono tornati ad abitarvi nel 1952.

Il desiderio di riforma della Chiesa

l'esigenza di rinnovamento

Questa situazione determinò una forte **esigenza di rinnovamento e di riforma**, che coinvolgeva ambienti diversi ed era animata da vescovi, abati, monaci e semplice gente del popolo. Tutti erano mossi da un **genuino sentimento di fede** e dalla volontà di liberare la Chiesa da tutto ciò che nei secoli ne aveva fatto un centro di potere al pari di altre istituzioni economiche o politiche, per restituirle il suo **ruolo di guida religiosa e spirituale**.

Cluny e il ritorno alla spiritualità

l'esperienza di Cluny

Il movimento riformatore ricevette un **forte impulso** dai monaci dell'abbazia di **Cluny**, in Borgogna (Francia), fatta erigere nel 910 dal duca Guglielmo I di Aquitania. A capo di quel monastero erano sempre stati posti **abati dotati di una profonda spiritualità e di una grande cultura**, i quali avevano saputo difendere la propria autonomia rispetto a qualsiasi autorità civile, evitando così ogni genere di corruzione.

CARTA INTERATTIVA

I monasteri in Europa nei primi secoli dopo il Mille.

I monaci dell'abbazia di Cluny si ispiravano alla *Regola* di san Benedetto, ma con un'accentuazione dell'**attività spirituale e culturale** che metteva in secondo piano il lavoro manuale, pure tanto raccomandato tra i benedettini. L'**amore per la liturgia** tipico dei monaci di Cluny si esprimeva nella sobria preziosità delle forme architettoniche e delle suppellettili usate per le cerimonie e nella cura particolare dedicata alle celebrazioni religiose, durante le quali il **canto**, corale e solenne, aveva un ruolo fondamentale.

Lessico

Liturgia
Dal greco *leitourghía* "opera pubblica". Nel cristianesimo con questo termine vengono indicate le regole su cui si basano le celebrazioni della Chiesa e le stesse forme di preghiera utilizzate. La liturgia, inoltre, disciplina la preghiera dei monaci, secondo le diverse ore del giorno.

Gli altri ordini religiosi riformati

le comunità di Camaldoli e Vallombrosa

Il modello cluniacense **non era condiviso da tutti** coloro che desideravano ritornare a una vita religiosa più rigorosa. Molti monaci riscoprirono e tornarono a praticare l'esperienza degli **eremiti**, che si ritiravano a vivere in solitudine per pregare e meditare (vedi p. 76). Dallo stesso ordine benedettino nacquero comunità monastiche di tipo cenobitico (vedi p. 76) che univano la vita eremitica con momenti di vita in comune. Così san Romualdo (952 ca.-1027) fondò l'eremo di **Camaldoli**, dal quale prese vita un nuovo ordine religioso: quello dei camaldolesi. San Giovanni Gualberto (990 ca.-1073) creò l'eremo di **Vallombrosa**, anch'esso punto di partenza per lo sviluppo di un ordine religioso fondato sulla *Regola* benedettina.

Certosini e cistercensi

i certosini e la sobrietà dei cistercensi

Nello stesso periodo nacquero anche i **certosini**, che presero il nome dall'eremo di **Chartreuse**, presso Grenoble in Francia, dove si era ritirato **san Bruno** (1030 ca.-1101), fondatore dell'ordine.

Un'importanza eccezionale ebbero i **cistercensi**, fondati a **Citeaux**, vicino a Digione, in Francia, da san **Roberto di Molesmes** (1024 ca.-1111), in disaccordo con il fasto liturgico e architettonico di Cluny e orientato a un modello di **monachesimo più sobrio e austero**. Il fine dei cistercensi, infatti, era il ritorno alla semplicità delle origini della vita benedettina, ripristinando, accanto alla preghiera, la regola del **lavoro manuale**.

GUIDA allo studio

Completa la frase scegliendo tra le parole elencate quelle corrette. **Poi compi la stessa operazione nel quarto tassello della mappa a p. 106.**

Crisi – rinascita - rinnovamento – arricchimento - monastici - cavallereschi

Nel Medioevo la Chiesa attraversa un periodo di .... morale. Dal suo interno emerge l'esigenza di .... e nascono nuovi ordini ....

approfondiamo

IL SOLE E LA LUNA: IL PAPA E L'IMPERATORE

Durante il Medioevo si consolidò una teoria che voleva il **potere spirituale del Papa** (derivante direttamente da Dio) **superiore al potere temporale** (cioè limitato dal fatto di essere collocato nel tempo) dell'imperatore. Alcuni teologi elaborarono la teoria del Sole e della Luna, secondo la quale il Papa, in quanto rappresentante di Dio, aveva ricevuto la **pienezza di tutti i poteri** e splendeva di luce propria, come il Sole. L'imperatore, invece, che era incoronato dal Papa, riceve da lui la facoltà di esercitare il potere in ambito politico, e così brillava di **luce riflessa**, come la Luna, che riflette la luce che riceve dal Sole.
Naturalmente questa teoria non era ben accolta dagli imperatori, che volevano essere indipendenti ed esercitare il loro potere in modo completamente autonomo. Ne nacque un c**onflitto tra i Papi e gli imperatori** che fu uno dei fili conduttori di tutta la storia medievale e che segnò in modo decisivo la storia della Chiesa. Le dispute tra Papa e imperatore toccò uno dei punti più alti dopo l'elezione al soglio pontificio di **Gregorio VII** (1020 ca.-1085). Questi, convinto di essere investito di una missione divina, si impegnò ad affermare il primato del potere spirituale su quello imperiale, cercando in ogni modo di sottrarre la Chiesa a qualsiasi tipo di controllo. L'Imperatore allora regnante, **Enrico IV** non poteva accettare le posizioni di Gregorio VII: dichiarò quindi deposto il Papa, il quale replicò scomunicando l'imperatore: un atto gravissimo, che poneva il sovrano fuori della comunione dei fedeli (quindi fuori della Chiesa) e scioglieva il popolo e i nobili dal giuramento di fedeltà nei suoi confronti. L'imperatore, insomma, non era più imperatore. Enrico IV fu perciò costretto a ritornare sui suoi passi e a chiedere perdono al Pontefice.

La storia oggi
Resti del **castello di Canossa**, in provincia di Reggio Emilia. Qui si recò Enrico IV per chiedere perdono a papa Gregorio VII, ospite della contessa Matilde di Canossa.

interpretiamo un'immagine

ENRICO IV E L'UMILIAZIONE DI CANOSSA

Le cronache medievali narrano che per ottenere il perdono del Papa, **Enrico** fu costretto ad accettare una grossa **umiliazione**. Nel gennaio del 1077 egli, in atteggiamento e abito di penitente, dovette attendere diversi giorni dinanzi al castello di **Matilde di Canossa**, presso Reggio Emilia, dove era ospitato Gregorio VII, per ottenere il perdono papale.
Una volta entrato nel castello, Enrico si affidò alla mediazione di Matilde e dell'abate **Ugo di Cluny**, affinché convincessero il Papa a offrirgli il perdono, che alla fine ottenne.

Nell'immagine qui sotto, individua i personaggi protagonisti della scena, scrivendo i loro nomi nelle caselle corrispondenti e poi rispondi alle domande.

- In quale atteggiamento è raffigurato l'Imperatore? Per quale ragione?
- Quale personaggio è ritenuto più importante e perciò è più grande degli altri?
- Perché la posizione di Matilde di Canossa è sopraelevata rispetto all'imperatore?

....

....

....

La contessa Matilde di Canossa con Ugo di Cluny e l'imperatore di Germania Enrico IV, XII secolo; Città del Vaticano, Biblioteca Apostolica Vaticana.

LEZIONE 4

AUDIOLETTURA

PELLEGRINI E CROCIATI

Per un pellegrino è più importante il viaggio o la meta?

I pellegrinaggi, una particolare forma di religiosità

pellegrini verso i luoghi santi

Il rinnovamento spirituale della Chiesa medievale passò anche attraverso la pratica dei pellegrinaggi. Concretamente, compiere un pellegrinaggio richiedeva di percorrere a piedi un **itinerario** che si concludeva presso un **luogo particolarmente significativo per la vita di fede**: un santuario, la tomba di un santo, una chiesa dove era custodita una **reliquia** ritenuta particolarmente importante. Legato ai pellegrinaggi, infatti, era il **culto delle reliquie**, oggetti ritenuti sacri in quanto appartenuti a un santo o a Cristo stesso.

Le mete principali erano **Gerusalemme** – dove si erano svolte le fasi principali della vita di Gesù e dove si trova il Santo Sepolcro –, **Roma** – dove c'è la tomba dell'apostolo Pietro – e il santuario di **Santiago di Compostela**, nella Spagna settentrionale – luogo in cui si trova la tomba dell'apostolo Giacomo.

Il pellegrinaggio interessava **tutti i ceti sociali**: ricchi e poveri, uomini e donne, anziani e bambini. Persino i malati in cerca di guarigione si muovevano a migliaia, ogni anno, sulle vie dell'Europa.

Lessico

Reliquia
Il termine reliquia, derivante dal verbo latino *relinquere*, "lasciare", nel linguaggio religioso indica ciò che rimane del corpo o degli oggetti appartenuti a un santo.

Gerusalemme conquistata dai turchi

a Gerusalemme i turchi perseguitano i pellegrini cristiani

Gerusalemme, fin dal 638, era **caduta nelle mani degli arabi**, da poco convertiti all'islam (vedi pp. 64-65). Nei secoli successivi, i tentativi di riconquistare la Città Santa da parte degli imperatori d'Oriente erano falliti. Nell'XI secolo la situazione si aggravò quando la potenza islamica si rafforzò grazie ai **turchi selgiuchidi**, una popolazione di guerrieri di origine asiatica convertitasi all'islam.

Nel 1078 **i turchi conquistarono Gerusalemme**.

Fino a quel momento, gli arabi si erano mostrati abbastanza tolleranti nei confronti di tutti coloro che non erano musulmani. I turchi, invece, erano meno rispettosi delle altre religioni e **iniziarono a maltrattare i cristiani** presenti in Palestina e i pellegrini che si recavano a pregare nei luoghi santi.

Pellegrini chini sul Santo Sepolcro a Gerusalemme, XIII secolo; Firenze, Biblioteca Medicea Laurenziana.

"*Dio lo vuole!*": iniziano le crociate

la difesa dei luoghi della fede

Nel marzo dell'anno 1095 l'imperatore **Alessio I Comneno** (1081-1118) mandò ambasciatori al papa **Urbano II** (1088-1099), chiedendo un aiuto per far fronte alla difficile situazione nella quale si trovavano i cristiani d'Oriente.

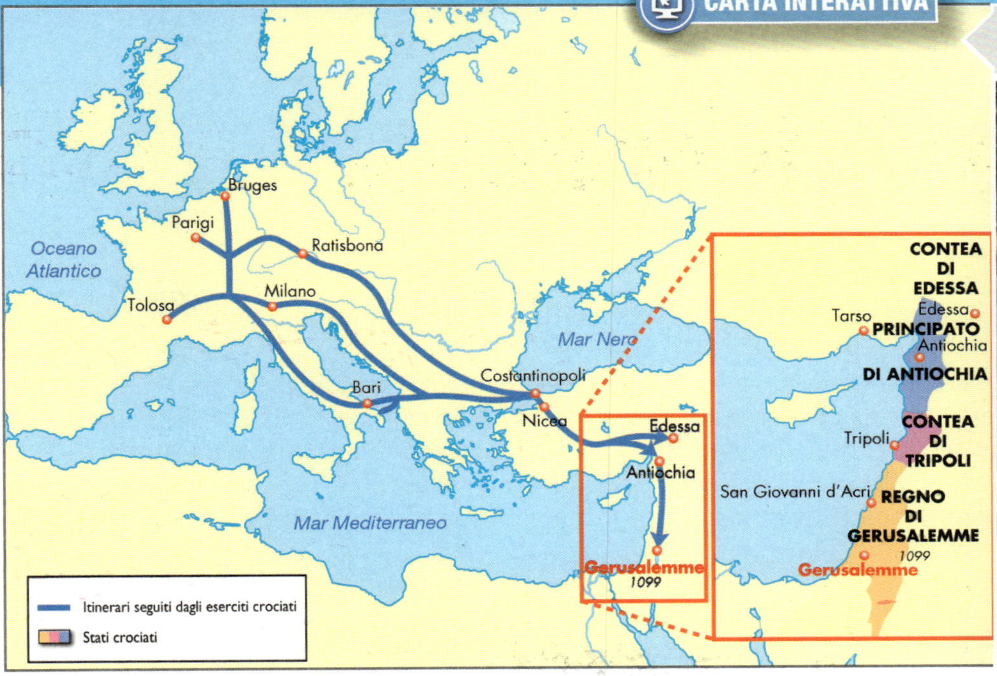

La prima crociata.

Cavalieri crociati in viaggio verso la Terra Santa, miniatura dal manoscritto *Livres des Histoires du commancement du monde*, XV secolo.

Nel novembre del 1095, durante un concilio riunito della città francese di **Clermont-Ferrand**, Urbano II chiese a tutti i fedeli di impegnarsi per liberare il Santo Sepolcro e far cessare le sofferenze dei cristiani d'Oriente e dei pellegrini. Il Papa garantiva a tutti coloro che avessero partecipato all'impresa il **perdono dei peccati**.
Qualcuno, tra la folla, gridò: "*Deus le volt!*", ("*Dio lo vuole!*"), e questo grido percorse tutta la cristianità, dando inizio al più imponente movimento religioso e militare di tutto il Medioevo: le **crociate**.
Nell'arco di circa due secoli, fino al 1270, si susseguirono ben **otto crociate**, tra le quali soltanto la prima, partita nel 1096, si concluse con la riconquista di Gerusalemme e di altri territori, nel 1099. Tutte le altre si risolsero in **insuccessi** più o meno clamorosi.

Perché le crociate?

tanti motivi per partire

Lo slancio che molti principi e cavalieri cristiani dimostrarono nell'accogliere l'appello di Urbano II era determinato sicuramente da un **sincero sentimento religioso**. L'idea, poi, che partecipando a questa sorta di pellegrinaggio armato, si sarebbe ottenuto il **perdono di tutti i peccati**, e quindi il paradiso, suscitava una grande attrattiva.
Non erano però solo le motivazioni di carattere religioso a spingere sovrani, cavalieri e gente comune a partecipare alla guerra in Terra Santa. Numerosi **cavalieri**, per esempio, speravano di trovare in Palestina le ricchezze che in Europa erano loro negate.
Anche i **mercanti** avevano i loro interessi nella liberazione di Gerusalemme e dei luoghi santi. La conquista turca della Palestina, infatti, aveva reso più difficili le attività mercantili e le scorrerie dei saraceni continuavano a costituire un serio pericolo per le navi che salpavano da importanti città marinare come Genova o Venezia.

GUIDA allo studio

Ricostruisci la frase e riportala nel quinto tassello della mappa a p. 106.

Gesù – la pratica del pellegrinaggio – Maria o a un – verso i luoghi in cui è vissuto e morto – Si diffonde – santo – e verso i luoghi dedicati a

Perché fu indetta la prima crociata? Con la risposta corretta completa il sesto tassello della mappa a p. 106.

- ☐ Per scacciare i turchi
- ☐ Per convertire i turchi
- ☐ Per difendere i pellegrini
- ☐ Per motivi diplomatici

approfondiamo

UN CAMMINO DI PENITENZA

L'itinerario dei pellegrinaggi simboleggiava **il percorso della vita umana verso la meta ultima**, cioè **l'incontro con Cristo**.
Abbiamo notizie sui pellegrinaggi dai resoconti di viaggio (i primi risalgono al IV secolo) e da una tradizione di scritti giunti fino a noi, contenenti indicazioni di strade, ospizi, percorsi da compiere, destinati a coloro che intraprendevano il cammino. Tutto il tempo del viaggio era scandito da **preghiere**, **atti di penitenza** e altre pratiche religiose che dovevano disporre il pellegrino all'ingresso nel luogo santo, dove si fermava in meditazione e in preghiera. Qui egli mostrava la propria devozione chiedendo spesso di ottenere un favore particolare (una "grazia"), come la guarigione per sé o per una persona cara.
Altre volte, il pellegrinaggio veniva compiuto anche come **espressione di ringraziamento** per un beneficio ricevuto. Un altro scopo del pellegrinaggio, che con il tempo si affermò fino a diventare il principale, era quello di **fare penitenza** e purificarsi per raggiungere il paradiso.

orientarsi nella storia

PELLEGRINAGGI DI IERI E DI OGGI

Questa carta illustra le vie seguite dai pellegrini medievali verso le tre principali mete: Gerusalemme, Roma e Santiago. I percorsi seguiti naturalmente erano moltissimi così come accanto ai tre principali centri di pellegrinaggio ve ne erano anche altri, fra cui molte chiese dedicate a Maria, la madre di Gesù, il cui culto si sviluppò in modo straordinario a partire dall'XI secolo.

• Per questo lavoro potete utilizzare il **percorso digitale *L'Europa dei pellegrinaggi***.
Dividetevi a coppie e approfondite una delle tappe del pellegrinaggio: quale o quali elementi lo rendono significativo? era a sua volta una meta di pellegrinaggio (per esempio, Bari perché erano venerati i resti di san Nicola)?

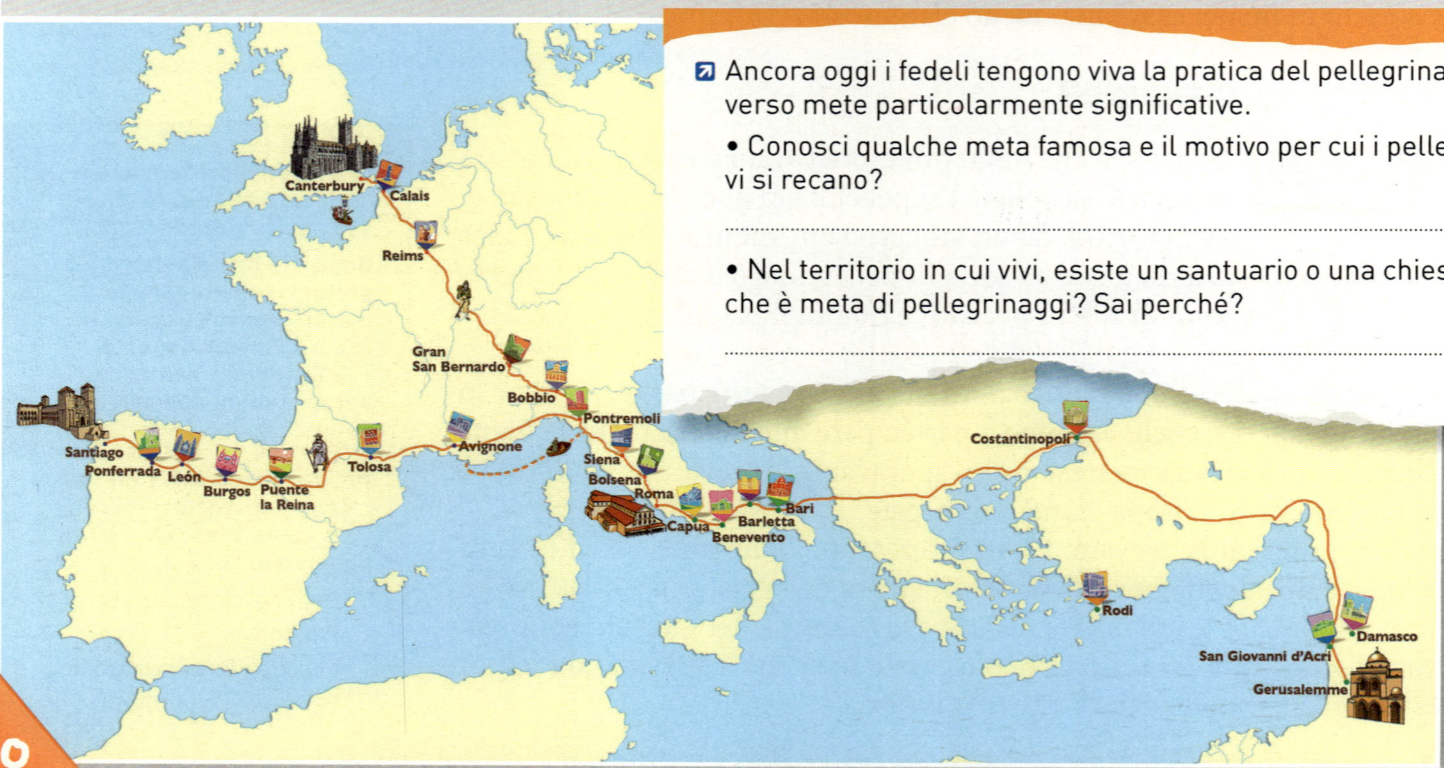

Ancora oggi i fedeli tengono viva la pratica del pellegrinaggio verso mete particolarmente significative.

• Conosci qualche meta famosa e il motivo per cui i pellegrini vi si recano?

....

• Nel territorio in cui vivi, esiste un santuario o una chiesa che è meta di pellegrinaggi? Sai perché?

....

siamo tutti speciali

PELLEGRINI OVUNQUE

Il **rito del pellegrinaggio** è **condiviso da ebraismo**, **cristianesimo** e **islam**, dal **buddhismo** (dove la condizione del pellegrinaggio è addirittura permanente, se si pensa alla pratica dei monaci "itineranti"), dall'**induismo**. La tabella riprodotta di seguito mette a confronto alcune feste di pellegrinaggio delle principali religioni, lasciando vuota la colonna dedicata al cristianesimo.

Con la guida dell'insegnate completatela voi in classe, indicando uno o più riti di pellegrinaggio che conoscete, magari praticati nel luogo in cui vivete, o ai quali avete partecipato personalmente.

	ebraismo	cristianesimo	Islam	induismo	buddhismo
festa di pellegrinaggio	*Pesah, Shavuoth, Sukkot*		Pellegrinaggio alla Mecca	Kumbh Mela	Non c'è una ricorrenza precisa, è uno dei quattro luoghi principali del pellegrinaggio buddhista, luoghi che ricordano le tappe della vita del Buddha
significato	Commemorano rispettivamente l'uscita dall'Egitto, la rivelazione al Sinai, il vagare nel deserto e le abitazioni provvisorie degli ebrei		È uno dei 5 pilastri dell'Islam	Purificarsi immergendosi nelle acque sacre	Luogo dove Siddharta raggiunse l'Illuminazione e divenne il Buddha
luogo	Da quando il Tempio di Gerusalemme è stato distrutto il pellegrinaggio che si svolgeva sulla terra non è più possibile e quindi se ne compie uno virtuale		Mecca il luogo in cui è nato l'islam	Nello Stato settentrionale indiano dell'Uttar Pradesh Confluenza dei fiumi sacri Gange e Jumuna	BodhGaya in India
tempo	Una volta all'anno		Almeno una volta nella vita purché si sia nelle condizioni fisiche e economiche per farlo	Almeno una volta nella vita	Non esistono vincoli

LEZIONE 5

AUDIOLETTURA

LE DIVISIONI NELLA CHIESA

Come si fa a riunire ciò che è diviso?

Le differenze tra Oriente e Occidente

incomprensioni tra la Chiesa d'Occidente e quella d'Oriente

Fino all'XI secolo la Chiesa, nonostante le crisi al suo interno, era rimasta unita. La Chiesa d'Oriente e quella d'Occidente, tuttavia, erano profondamente **diverse**:

- per lingua;
- per usi liturgici;
- per l'approccio alle dottrine religiose.

Diverso era anche il **rapporto tra il potere politico e quello religioso**: mentre in Occidente il Papa aveva energicamente rivendicato il proprio primato, in Oriente all'imperatore bizantino era riconosciuta la massima autorità sia in campo politico sia in ambito religioso. Di conseguenza, il **patriarca di Costantinopoli**, capo della Chiesa greca, era **subordinato alla volontà dell'imperatore**.

Tutto questo determinò una situazione che finì con il portare a uno **scisma**.

La storia oggi

Papa Francesco con il **patriarca ortodosso Bartolomeo I**, incontrato a Istanbul in occasione della visita del Pontefice in Turchia (28-30 novembre 2014). In una dichiarazione congiunta Francesco e Bartolomeo hanno espresso "*la nostra sincera e ferma intenzione, in obbedienza alla volontà di nostro Signore Gesù Cristo, di intensificare i nostri sforzi per la promozione della piena unità tra tutti i cristiani e soprattutto tra cattolici e ortodossi*".

La Chiesa si divide: lo scisma d'Oriente

scisma e nascita della Chiesa ortodossa

A partire almeno dal IX secolo erano aumentate **incomprensioni**, **sospetti**, **diffidenze** tra il Papa, i vescovi orientali e l'imperatore bizantino. Il Pontefice, inoltre, rivendicava un **primato** sui patriarcati orientali (Costantinopoli, Alessandria, Antiochia, Gerusalemme) che questi non erano disposti a riconoscergli. La situazione precipitò in seguito alla nomina a patriarca di Costantinopoli di **Michele Cerulario**, che incominciò a contestare apertamente alcune disposizioni del Papa e le sue scelte riguardanti la dottrina. Il papa **Leone IX** inviò a Costantinopoli alcuni legati pontifici con l'intenzione di risolvere i problemi. Le divergenze,

Lessico

Scisma
Dal greco *schísma*, "separazione", lo scisma è la separazione da una Chiesa o da una comunità, per costituire una Chiesa o una comunità autonoma.

Scomunica
Dal latino *excommunicare*, letteralmente significa "escludere dalla comunione". In ambito religioso, è la pena più grave che un Papa possa infliggere a un membro della Chiesa che, se scomunicato, viene posto fuori dalla comunità ecclesiastica ed escluso dai sacramenti. Se la scomunica veniva lanciata contro un sovrano, i suoi sudditi erano sciolti dal giuramento di fedeltà nei suoi confronti.

Santa Caterina da Siena, particolare di un dipinto del XV secolo, Lodi, Chiesa di San Francesco. Caterina Benincasa entrò giovanissima nell'ordine domenicano delle mantellate. Per il ruolo svolto negli sviluppi della storia della Chiesa e nell'approfondimento del messaggio rivelato, fu proclamata prima patrona d'Italia e, successivamente, dottore della Chiesa da papa Paolo VI. Nel 1999 papa Giovanni Paolo II l'ha proclamata compatrona d'Europa.

però, non fecero che aumentare e i due capi religiosi provvidero a **scomunicarsi reciprocamente**: era il **1054**. Da quel momento la Chiesa d'Oriente assunse il nome di **ortodossa**, volendo così lasciar intendere la propria fedeltà alle definizioni dottrinali della Chiesa antica, mentre la Chiesa di Roma si definì **cattolica**, cioè universale.

Da Roma ad Avignone

crisi nella Chiesa d'Occidente

Un altro momento di forte crisi all'interno della Chiesa si ebbe all'inizio del Trecento, quando il re di Francia **Filippo il Bello** (1285-1314) decise di opporsi al papa **Bonifacio VIII** (1294-1303), che rivendicava con forza la supremazia del potere spirituale su quello temporale. Lo scontro fu durissimo e, alla morte di Bonifacio, Filippo riuscì ad avere la meglio, tanto che nel 1305 impose l'elezione di un cardinale francese, che prese il nome di **Clemente V** (1305-1314). Il nuovo Papa non mise mai piede in Italia e nel 1309 **trasferì la sede del Papato ad Avignone**, una città francese della Provenza da tempo feudo della Chiesa.
Ad Avignone la curia papale rimase per quasi 70 anni (fino al 1377), in un periodo che fu definito "**cattività avignonese**" ("cattività" significa "prigionia" per indicare che il Papato era ostaggio del re di Francia) e che vide susseguirsi sul trono pontificio sette Papi, tutti francesi.

Lessico

Ortodossa
Dal greco *orthodoxia*, "retta opinione", in ambito religioso questo termine è da intendersi come fedeltà alle definizioni dottrinali ritenute corrette in opposizione ad altre considerate erronee. I fedeli della Chiesa d'Oriente si definiscono "ortodossi" perché ritengono di appartenere alla fede cristiana secondo l'"esatta dottrina" della Chiesa anica.

Cattolica
Dal greco *katholikós*, "universale", il termine "cattolico" indica tutto ciò che si riferisce alla Chiesa di Roma, compresi i suoi fedeli, che sono definiti "cattolici".

Lo scisma e la ricomposizione

uno scisma interno che dura 40 anni

Nel 1377 Gregorio XI (1370-1378) riportò a Roma la sede del Papato, anche a seguito dell'insistenza di **Caterina da Siena**, che negli anni precedenti aveva inviato lettere a nobili e eruditi di ogni parte d'Europa per caldeggiare il rientro del Papa a Roma.
Alla morte di Gregorio XI, però, esplosero **forti tensioni tra i cardinali**, molti dei quali volevano che la corte papale si trasferisse nuovamente ad Avignone. L'elezione di Urbano VI (1378-1389) fu contestata dai cardinali francesi, i quali subito elessero Clemente VII, che si stabilì ad Avignone. L'elezione di Clemente VII provocò un **nuovo scisma**, noto come **scisma d'Occidente**. La crisi si protrasse per circa quarant'anni, fino all'elezione di **Martino V** (1417-1431), che lentamente riuscì a ricucire i rapporti con tutti i vescovi.

GUIDA allo studio

Come vengono chiamate le due fratture che si verificarono all'interno della Chiesa tra l'XI e il XIV secolo? **Con le risposte corrette completa il settimo e l'ottavo tassello della mappa a p. 106.**

VISITA DIDATTICA INTERATTIVA
- La chiesa ortodossa

APPROFONDIAMO
- Capire il primato del Papa di Roma
- Bonifacio VIII e il primo Giubileo cristiano

interpretiamo un edificio sacro

LA CHIESA ORTODOSSA

1 Il luogo più importante di una chiesa ortodossa è l'**iconostasi**, cioè il punto in cui sono raccolte le **icone**, **immagini sacre** che portano l'anima verso l'alto attraverso la loro bellezza e i loro significati. Al centro dell'iconostasi c'è una porta che si apre solo durante il rito sacro: al di là di essa il sacerdote compie il rito in modo visibile dai presenti, ma non dallo stesso lato della porta, come a indicare che le cose del cielo sono in un luogo separato da quello degli uomini.

2 La **santa porta** contiene le immagini dell'annunciazione e degli evangelisti: sono la "porta" simbolica per accedere al Cristo che, senza l'adesione di Maria al progetto di Dio e senza gli scritti dei quattro evangelisti, non sarebbe potuto venire tra gli uomini e non sarebbe stato conosciuto dalle generazioni umane.

3 Lo **stile dell'arte ortodossa** è molto particolare ed è evidente nelle icone. In esse le immagini sacre presentano fissità di movimento e di espressione, puntando più che sull'azione della scena, sulla capacità di evocare in chi le guarda un pensiero spirituale, una preghiera profonda.

- Quale impressione produce, a tuo parere, l'interno di una chiesa ortodossa?
- Quali differenze rilevi rispetto agli interni delle altre chiese cristiane (vedi p. 121 e pp. 140-141)?

interpretiamo un'immagine

LO SCISMA D'OCCIDENTE

Questa miniatura risalente alla fine del XIV secolo raffigura lo scisma d'Occidente.

Osservala attentamente e poi collega ogni didascalia con il particolare descritto.

La Chiesa, rappresentata dalla figura della donna al centro, è contesa tra il Papa e un gruppo di cardinali francesi.

Il Papa è raffigurato con il triregno, la tiara con tre corone che era segno del suo potere temporale e spirituale.

Due chiese, uguali tra loro, simboleggiano la Chiesa di Avignone (a sinistra) e quella di Roma (a destra).

Alle sue spalle, una cattedra rappresenta la sede apostolica.

Il Pontefice cerca di abbracciare la Chiesa, per trattenerla presso di sé ed evitare che gli venga sottratta.

I cardinali francesi si allontanano verso Avignone. Uno di essi cerca di portare con sé le chiavi, uno dei simboli del potere spirituale del Papa.

La veste della donna/Chiesa è lacerata, a simboleggiare lo strappo creatosi con lo scisma.

biografie in un tweet

SANTA CATERINA

Che cosa sai di Santa Caterina da Siena? Svolgi una ricerca e scrivi una mini biografia in 160 caratteri.

LEZIONE 6

AUDIOLETTURA

UNA CHIESA POVERA: DOMENICO E FRANCESCO

Se vuoi possedere tutto, non devi possedere niente! Cioè?

Ritornare alla semplicità evangelica

movimenti in opposizione alla Chiesa: le eresie

Tra il XII e il XIII secolo, alcuni **predicatori**, in modo isolato o a capo di movimenti religiosi, cominciarono a **criticare duramente il lusso che caratterizzava la vita di alcuni vescovi**, che, anziché dedicarsi all'annuncio del Vangelo, preferivano coltivare interessi politici e terreni. L'umiltà, la carità, la povertà che avevano caratterizzato la Chiesa delle origini sembravano ormai dimenticate da molti.
Si diffuse l'attesa di un **rinnovamento all'insegna della povertà e del primato della vita spirituale**. Molti di questi movimenti sconfinarono così nell'**eresia** e furono di conseguenza condannati dalla Chiesa. Fra questi ve ne furono alcuni destinasti a spegnersi nell'arco di pochi anni; altri, invece, rimasero più a lungo, come i **catari** (o albigesi, così chiamati dalla loro roccaforte, la città di Alby in Francia) e i **valdesi**, che ancora oggi costituiscono un'importante comunità cristiana, non più considerata eretica ma comunque separata dalla Chiesa cattolica.

I valdesi

Pietro Valdo (1130 ca.-1206 ca.) era un ricco mercante di Lione che, nel 1176, decise di lasciare tutte le proprie ricchezze e la stessa famiglia per predicare il Vangelo. Ben presto intorno a lui si radunò un gruppo di discepoli. Il tentativo estremista di vivere un cristianesimo radicale determinò un **rifiuto della sovranità temporale del Papa**, il quale reagì proibendo questa forma di predicazione laica.
I seguaci di Valdo furono dunque **scomunicati ed espulsi da Lione**: si organizzarono così in una comunità separata, costituita da una confraternita, che si atteneva ai tre voti monastici di povertà, castità e obbedienza. I predicatori venivano istruiti in apposite scuole, in cui si studiavano a memoria i Vangeli e altre parti della Bibbia, che Valdo aveva fatto tradurre nella **lingua del popolo**. Si discostavano dalla Chiesa cattolica per il ruolo assegnato alle **donne** (che potevano predicare e presiedere alle funzioni religiose), per la **negazione dell'esistenza del purgatorio** e il **rifiuto della venerazione delle reliquie** (vedi p. 88).

Lo stemma dei valdesi, caratterizzato dal motto *"Lux lucet in tenebris"*, citazione dalla Bibbia in latino, *Vulgata*, del Vangelo di Giovanni 1,5: *"la luce splende nelle tenebre"*, che prosegue *"e le tenebre non l'hanno vinta"*.

Lessico

Catari
Deriva dal greco *catharós*, che significa "puro". I catari opponevano rigidamente il principio del bene a quello del male, immaginandoli come due divinità contrapposte. Ritenevano male tutto ciò che è legato alla materia.

La storia oggi
Veduta dall'alto del **castello di Montségur** che è uno dei castelli catari, e poi francesi, situati nella Francia meridionale, abbandonato alla fine del XVII secolo.

Non solo eresie: gli ordini mendicanti

movimenti di rinnovamento: gli ordini mendicanti

Nel Medioevo l'esigenza di un ritorno agli ideali di **povertà evangelica** si espresse non soltanto in gruppi esterni o contrapposti alla Chiesa, ma anche all'interno della Chiesa stessa. Una risposta a quell'esigenza, e contemporaneamente una risposta al diffondersi delle eresie, fu infatti la nascita degli **ordini mendicanti**.

Gli ordini mendicanti erano in prima linea nella lotta contro gli "strozzini". Nella miniatura un domenicano e un francescano rifiutano le offerte di un usuraio.

Gli ordini mendicanti si fecero promotori di un **nuovo modello di vita religiosa**, diverso dal monachesimo di ispirazione benedettina. Essi non avevano possedimenti terreni da utilizzare, come i monasteri tradizionali, né si dedicavano esclusivamente alla vita contemplativa o di studio all'interno delle abbazie, ma **si integravano all'interno delle comunità cittadine**.
Anche le loro case, chiamate "**conventi**", si trovavano nel cuore dei centri urbani, a diretto contatto con la popolazione cui erano rivolte le loro attività principali: la **predicazione** e l'**assistenza ai poveri e ai malati**.
Gli ordini mendicanti più importanti sorti in questo periodo furono i **Frati Minori** di san Francesco d'Assisi e i **Frati Predicatori** di san Domenico di Guzman.
I fondatori di questi nuovi ordini seppero cogliere il bisogno di spiritualità degli uomini del loro tempo, offrendo una risposta destinata a raccogliere **straordinari consensi sia tra il popolo sia tra gli ecclesiastici**.

GUIDA allo studio

Che cosa determina la nascita degli ordini mendicanti? **Con la risposta corretta completa il nono tassello della mappa a p. 106.**

- ☐ Il rifiuto della sovranità del Papa
- ☐ L'esigenza di rinnovamento e di ritorno alla povertà evangelica
- ☐ L'esigenza di assistere i poveri
- ☐ Il desiderio di vivere al di fuori dai monasteri

AUDIOLETTURA

Domenico di Guzman, il predicatore

Domenico crede nella forza della predicazione

Figlio cadetto di una nobile famiglia della Castiglia (nella penisola iberica), Domenico di Guzman (1170-1221) intraprese la **carriera ecclesiastica** e si dedicò agli studi di filosofia. Nel 1206, in Linguadoca, si unì ai predicatori che tentavano di riportare i catari all'obbedienza verso la Chiesa di Roma.

Domenico era convinto del fatto che, per sconfiggere le eresie, non servissero le punizioni e la violenza, ma fosse necessario **predicare** al popolo il **vero messaggio del Vangelo**, offrire un **esempio di vita improntato alla povertà** e dedicare una maggiore cura alla **vita spirituale**.

L'Ordine dei Predicatori

e fonda l'Ordine dei predicatori

Proprio per vincere le eresie attraverso la predicazione, Domenico fondò l'**Ordine dei Predicatori**, chiamati "domenicani". Questo nuovo ordine mendicante si caratterizzava, oltre che per una vita religiosa severa e irreprensibile, anche per la **profonda formazione culturale**, adatta a istruire e a **educare il popolo secondo la dottrina della Chiesa**.

L'Ordine dei Predicatori fu approvato da papa Onorio III nel **1217** e ben presto i domenicani ebbero importanti incarichi anche come **insegnanti nelle università** che in quegli anni stavano sorgendo un po' ovunque in Europa. Dell'Ordine dei Predicatori fecero parte alcune tra le personalità più rilevanti della Chiesa medievale. Ricordiamo, a titolo di esempio, **Alberto Magno** (1200 ca.-1280), studioso e insegnante di teologia, e **Tommaso d'Aquino** (1225 ca.-1274) il cui pensiero rimane ancora oggi un punto di riferimento per la Chiesa cattolica.

A Prouille, in Provenza, san Domenico fondò anche un primo **ordine femminile di monache di**

La storia oggi
Frati domenicani per le strade di San Francisco.

clausura. Da un terzo ordine femminile dei domenicani (le "mantellate") vennero ulteriori esempi di fedeltà alla Chiesa, basti pensare alla testimonianza di santa **Caterina da Siena**, proclamata nel 1939 patrona d'Italia insieme con san Francesco.

La storia oggi
La **basilica di San Francesco ad Assisi** venne costruita per ospitare le spoglie di san Francesco.
San Francesco venne proclamato santo il 16 luglio del 1228, a soli due anni dalla morte, e il 17 luglio venne posta la prima pietra per la costruzione della basilica.

Francesco, il povero di Assisi

la conversione di Francesco

Giovanni di Pietro Bernardone, detto "Francesco", nacque nel 1181-1182 ad Assi si, in Umbria. Dopo aver trascorso una **giovinezza agiata e spensierata**, attraversò una profonda crisi spirituale che lo spinse ad abbandonare la famiglia e tutte le sue ricchezze per mettersi **a servizio di Dio e delle persone più povere**. In breve tempo egli raccolse intorno a sé **numerosi compagni**, che accettarono il suo stile di vita basato interamente sugli insegnamenti del Vangelo.
In particolare, egli intendeva praticare la **povertà** e vivere con i suoi compagni in uno spirito di **fratellanza** (tra loro, infatti, si chiamavano "fratelli", da cui deriva la parola "frate" con cui sono generalmente conosciuti anche oggi).

L'Ordine dei Frati minori

l'approvazione della *Regola* di Francesco

Francesco e i suoi compagni non intendevano abbandonare la Chiesa, anzi fecero di tutto per ottenerne l'**approvazione**. Papa Innocenzo III (1198-1216) intuì che quel gruppo di uomini rappresentava una **forza nuova e preziosa** e diede loro il permesso di vivere insieme e di predicare il Vangelo.
Il suo successore, Onorio III (1216-1227), nel **1223** approvò la *Regola* preparata da Francesco: nasceva così l'ordine dei **Frati minori**.
Negli stessi anni **Chiara d'Assisi** (1194-1253) seguì l'esempio di Francesco e con alcune compagne fondò l'ordine delle **clarisse**.
Francesco morì nella notte tra il 3 e il 4 ottobre 1226; appena due anni dopo il "poverello d'Assisi", come venne chiamato, fu proclamato **santo**.

GUIDA allo studio

Indica se queste affermazioni sono V vere e F false.

Francesco scrisse la *Regola* benedettina	V F
Domenico aveva una solida preparazione culturale e teologica	V F
Francesco e Caterina sono i patroni d'Italia	V F
Caterina era francescana	V F
I domenicani insegnavano nelle università	V F
Domenico usava la predicazione per contrastare le eresie	V F

Lessico

Clausura
Dal latino *clausus* "chiuso", è la condizione dei religiosi e delle religiose che trascorrono la vita in preghiera senza mai uscire dal convento o dal monastero in cui si trovano.

parole per vivere insieme

POVERTÀ

ESSERE POVERI E CON I POVERI

In un mondo come il nostro, che si regge sul superfluo, quale valore ha la povertà?
Papa Francesco rivolgendosi ai giovani, sottolinea due aspetti importanti della povertà.
Innanzitutto la **povertà come valore e come scelta di vita**:

> Non lasciatevi rubare la speranza dallo spirito del benessere che, alla fine, ti porta a diventare un niente nella vita! Il giovane deve scommettere su alti ideali: questo è il consiglio. Ma la speranza, dove la trovo? Nella carne di Gesù sofferente e nella vera povertà. C'è un collegamento tra le due.

E poi la **povertà come solidarietà** che significa fare qualcosa di vero ed efficace per gli altri:

> Non si può parlare di povertà senza avere l'esperienza con i poveri.

- Ritieni che sia giusto il richiamo del Papa a una vita più semplice? Come dovremmo rispondere al suo appello alla solidarietà?

  > Quello che io ho ricevuto gratuitamente, devo darlo gratuitamente

  sei d'accordo? Pensi che il volontariato e il servizio ai poveri siano un dovere?
- Scrivi alcuni termini o brevi definizioni che descrivano i due significati di povertà evidenziati da papa Francesco, poi discutine con i tuoi compagni.

POVERTÀ

come scelta di vita è

come solidarietà è

ITALIANO	ROMENO	SPAGNOLO	ARABO	CINESE
Povertà	Sărăcie	Pobreza	الفقر	贫困

interpretiamo un'immagine

LA VITA DI FRANCESCO SECONDO GIOTTO E BONAVENTURA

Un altro esempio di Bibbia dei poveri, cioè di immagini dipinte nelle chiese per raccontare e trasmettere i contenuti della fede a chi non sapeva né leggere né scrivere, sono le scene della vita di san Francesco che Giotto affrescò verso la fine del Duecento nella Basilica superiore di Assisi. Nella sua opera il pittore si ispirò alla vita di Francesco scritta da Bonaventura da Bagnoregio e intitolata *Legenda maior* (*Leggenda maggiore*).
In questa pagina sono riportati quattro affreschi che raffigurano altrettanti episodi della vita di Francesco, descritti con una citazione dalla *Legenda maior*. Associa ogni testo all'immagine corrispondente.

1. Mentre il beato Francesco stava pregando sul fianco del monte della Verna, vide Cristo in aspetto di serafino crocifisso; il quale gl'impresse nelle mani e nei piedi e anche nel fianco destro le stimmate della Croce dello stesso Signore Nostro Gesù Cristo.
2. Mentre il beato Francesco andava verso Bevagna, predicò a molti uccelli; e quelli esultanti stendevano i colli, protendevano le ali, aprivano i becchi, gli toccavano la tunica.
3. Mentre il beato Francesco pregava dinanzi all'immagine del Crocifisso, dalla croce venne una voce che disse tre volte: *"Francesco, va', ripara la mia chiesa che tutta si distrugge"*, riferendosi alla Chiesa di Roma.
4. Il papa vide in sogno la basilica lateranense che, mentre rischiava di crollare, era sostenuta da un poverello [il beato Francesco] che la sorreggeva sulle proprie spalle affinché non cadesse.

SEZIONE 8

ESPERIENZE A CONFRONTO

Scegliere di essere poveri

La povertà non è facile. In genere chi è povero cerca di migliorare le proprie condizioni economiche, chi non è ricco desidera diventarlo. Almeno per un sano istinto di sopravvivenza, questi comportamenti sono entrambi comprensibili e giustificati. Gesù, però, dice che i poveri sono "beati" e fa della povertà un valore al quale ispirarsi: non chiede solo di soccorrere i poveri, ma addirittura di farsi poveri, di condividere la vita dei poveri.
A questo punto, si capisce che, per chi non è povero, la povertà diventa una scelta. Tuttavia, si può essere poveri in diversi modi, non soltanto rinunciando completamente a quel che si possiede, come san Francesco. Anche in questo caso, però, si tratta di scegliere, e non è facile, perché tutto, intorno a noi, incoraggia stili di vita che non sono certo poveri, in nessun senso.

A servizio degli ultimi

Madeleine Delbrêl, nata nel 1904 in Francia da una famiglia benestante, a 16 anni decise di rinunciare alla fede, dichiarandosi atea. Solo intorno ai 20 anni si riavvicinò al cristianesimo e scelse di dedicarsi alle persone più povere nei quartieri periferici di Parigi, dove visse fino alla morte, nel 1964. Dotata di una straordinaria sensibilità spirituale (è ricordata fra i più grandi mistici del XX secolo), condivise lo stile di vita delle persone con cui aveva scelto di stare, vivendo in modo sobrio e usando gli strumenti intellettuali che possedeva per promuovere politiche sociali in grado di migliorare la loro condizione di vita.
In uno dei libri più famosi di Madeleine Delbrêl, intotolato *Noi delle strade*, leggiamo:

> I nostri beni, se diventano i beni degli altri, saranno il segno della nostra vita donata per gli altri, come assimilata di diritto alla loro, e che, in realtà, non deve più far parte dei nostri interessi.
> Il cristiano che vivrà in questo modo nella città, sperimenterà con tutto il suo essere la forza dell'amore evangelico. La realtà di questo amore risplenderà intorno a lui come una evangelizzazione e in lui come una illuminazione.

QUALE INSEGNAMENTO RICAVO?

- Come vedi la povertà? La consideri come a un valore, oppure come a una condizione dalla quale restare il più possibile lontano?
- Conosci persone che hanno fatto una scelta di povertà? Che cosa ne pensi?
- Conosci persone che, pur non essendo povere, ispirano la loro vita al valore della povertà?
- Perché la povertà può aiutare a vivere più in profondità la vita spirituale?
- La scelta di Francesco d'Assisi sarebbe ancora praticabile oggi?

Facciamo il punto

Completa il riassunto della sezione inserendo correttamente le parole elencate di seguito.

cultura • eresia • mendicanti • cenobitico • predicazione • Frati minori • scisma • pellegrinaggio • esigenza • rinnovamento • ortodossa • investiture • occidentale • crociate • Oriente

1. Il monachesimo nasce in .... dove alcune persone decidono di ritirarsi in solitudine a pregare Dio. Il fondatore del monachesimo eremitico è Antonio. A Pacomio si deve invece la nascita del monachesimo ...., nel quale l'esperienza di vita dedicata alla preghiera è comunitaria. Benedetto è il fondatore del monachesimo .... Nelle comunità che si ispirano alla *Regola* di Benedetto al tempo della preghiera si alterna quello dedicato al lavoro.

2. Il lavoro dei monaci contribuisce allo sviluppo e al miglioramento del lavoro agricolo e alla diffusione della ....

3. Dopo la caduta dell'Impero romano d'Occidente ai vescovi vengono attribuiti poteri di carattere civile e amministrativo. Lotta per le ....: chi deve nominare i vescovi, il Papa o l'imperatore? Il potere politico corrompe alcuni uomini di Chiesa e determina un'... di .... dalla quale, tra il X e l'XI secolo, nascono nuove esperienze monastiche: Cluny, Camaldoli e Vallombrosa; certosini e cistercensi.

4. Si consolida la pratica di recarsi in .... presso luoghi particolarmente significativi per la fede cristiana. Gerusalemme, Roma e Santiago di Compostela diventano le mete principali dei pellegrinaggi. Per difendere i pellegrini che si recano a Gerusalemme e che sono perseguitati dai turchi, vengono indette le ....

5. Le incomprensioni tra la Chiesa d'Occidente e la Chiesa d'Oriente portano a uno ...., nel 1054, dal quale nasce la Chiesa ....

6. Nei secoli XII e XIII l'esigenza di rinnovamento porta alcuni movimenti a opporsi alla Chiesa e a sconfinare nell'.. Altri movimenti, invece, si impegnano per un risanamento interno alla Chiesa: sono gli ordini ....: francescani e domenicani.

7. Francesco abbandona la ricchezza per vivere in povertà secondo l'insegnamento del Vangelo. Nel 1223 papa Innocenzo III approva la *Regola* di Francesco. Nasce così l'Ordine dei ....
Domenico di Guzman fonda l'Ordine dei Predicatori, convinto che le eresie si sconfiggano con la .... e l'esempio di vita improntata alla povertà.

Sapresti dire quale ordine ha fondato ciascuno dei personaggi ritratti in questa pagina?

San Benedetto
....

Magister Conxolus, *San Benedetto da Norcia*, XIV secolo; Subbiaco, Chiesa inferiore del Sacro Speco.

San Bernardo
....

Carlo Crivelli, *San Bernardo*, 1448 circa; Berlino, Gemaldegalerie.

San Francesco
....

Giotto e aiuti, *L'omaggio di un uomo semplice*, particolare, 1296-1298 ca.; Assisi, Basilica Superiore di San Francesco.

San Domenico
....

Beato Angelico, *San Domenico*, particolare, XV secolo, Perugia, Galleria Nazionale.

SEZIONE 8

Costruiamo la nostra mappa

1 Il **monachesimo** nasce in Oriente nel III secolo e si diffonde in Occidente a partire dal V secolo.

2 Nel 529 **Benedetto da Norcia** ....
....
....
e ....

3 ....
....
....
....

4 Nel Medioevo la Chiesa attraversa un periodo di .... morale. Dal suo interno emerge l'esigenza di .... e nascono nuovi ordini ....

5 ....
....
....
....

6 ....
.... a Gerusalemme nel 1096 fu indetta la prima crociata

7 Con lo ....
nel 1054 la Chiesa si divide: Chiesa ortodossa e Chiesa cattolica

8 Alla fine del Trecento lo ....
.... divide la Chiesa cattolica per quasi quarant'anni

9 Tra il XII e il XIII ....
....
.... si esprime con le eresie ma anche con la nascita degli ordini medicanti

Verifichiamo le conoscenze

1 **Perché alcune persone decisero di vivere in luoghi deserti e isolati?**

- ☐ Perché non amavano stare in mezzo alla gente
- ☐ Per suscitare l'ammirazione dei vescovi
- ☐ Perché erano molto poveri
- ☐ Per consacrare integralmente la loro esistenza a Dio

2 **Qual è la differenza tra il monachesimo eremitico e quello cenobitico?**

....

....

....

3 **Metti in ordine cronologico i seguenti avvenimenti con riferimento al monachesimo medievale.**

- ☐ Benedetto da Norcia abbracciò la vita monastica
- ☐ In Oriente alcuni cristiani cominciarono a seguire l'esempio degli eremiti e a farsi monaci. In Occidente iniziarono a costituirsi le prime comunità monastiche
- ☐ Benedetto scrisse la sua *Regola*
- ☐ Benedetto fondò il monastero di Montecassino
- ☐ Si diffusero in Occidente molte regole monastiche
- ☐ Vi fu un rinnovamento della vita monastica a partire dall'abbazia di Cluny

4 **Indica se le affermazioni sono V vere o F false.**

a. Il potere temporale distolse la Chiesa dai suoi doveri spirituali V F

b. Il desiderio di rinnovare la Chiesa non riuscì a esprimersi V F

c. Alla caduta dell'Impero romano d'Occidente tutti i vescovi fuggirono in Oriente V F

d. Durante le invasioni barbariche i vescovi divennero i punti di riferimento delle comunità V F

e. La *Regola* benedettina si basava esclusivamente sulla vita contemplativa V F

f. I pellegrini medievali erano uomini e donne che volevano visitare i luoghi in cui visse Gesù V F

g. I crociati volevano verificare se Dio avrebbe fatto vincere i cristiani V F

5 **Abbina correttamente ogni termine alla propria definizione.**

a. Scisma	**1.** Pratica di devozione che consiste nel recarsi collettivamente o individualmente presso un luogo sacro per compiervi a scopo penitenziale un atto religioso
b. Pellegrinaggio	**2.** Esclusione dalla comunione ecclesiale
c. Crociata	**3.** Scissione all'interno di una comunità religiosa
d. Scomunica	**4.** Impresa militare condotta dai popoli cristiani europei contro i turchi per rendere accessibili i luoghi sacri della vita di Gesù

6 **Perché la "cattività avignonese" è chiamata così?**

- ☐ Perché i Papi erano molto cattivi
- ☐ Perché i Papi vennero confinati ad Avignone
- ☐ Perché i Papi tenevano prigioniero l'imperatore ad Avignone
- ☐ Perché i Papi avevano deciso che Avignone era la città europea più prestigiosa

7 **Inserisci correttamente nel testo le seguenti parole.**

Chiesa • predicazione • culturale • eresia • valdese • emarginati • ordini • domenicani • Domenico de Guzman • francescani • mendicanti • ideali • catari • Francesco d'Assisi • teologica • bisognosi

Tra il XII e il XIII secolo molti movimenti che esigevano dalla Chiesa una maggiore adesione agli .... evangelici, sconfinarono nell'.................... Tra questi, i più noti furono quello .... e quello dei .... La risposta più significativa alle eresie fu la nascita in seno alla .... degli ordini ...., che rinunciarono a ogni ricchezza terrena. Agli ordini mendicanti appartennero i .... e i ...., I primi furono fondati da .... i secondi da .... Il Papa riconobbe ufficialmente entrambi gli ....

Organizziamo un pellegrinaggio

A partire dal IV secolo, i pellegrini hanno viaggiato ininterrottamente fino ai nostri giorni. Naturalmente, sono cambiate le forme e i mezzi che hanno usato per spostarsi, ma non l'intenzione che da sempre accompagna chi compie un viaggio di fede, in cerca di un incontro che gli porti salvezza o consolazione. Non piacerebbe anche a voi fare l'esperienza del pellegrinaggio?

- Prima di partire bisogna però decidere la meta e poi mettere a punto un itinerario. Cominciamo con lo stabilire "dove". Ciascuno di voi conosce sicuramente – o perché ne ha sentito parlare o perché lo ha visitato – qualche luogo di pellegrinaggio (santuario, basilica ecc.), magari nel territorio dove vive. Scrivete sulla lavagna tutte le proposte e poi scegliete quella che mette d'accordo più persone: sarà la meta del pellegrinaggio a cui parteciperà tutta la classe.

- Una volta individuato il luogo bisogna organizzare l'itinerario.
  Dividetevi in gruppi, ognuno dei quali si occuperà di mettere a punto una fase dell'organizzazione:
  - verificare con quali e quanti mezzi è possibile raggiungere il luogo e quali sono i più comodi; controllare gli orari, il costo dei biglietti;
  - ipotizzare le strutture di accoglienza nei punti d'arrivo: alloggio sufficientemente comodo e pasti semplici;
  - preparare un incontro per spiegare ai partecipanti le caratteristiche della meta, la sua storia e il messaggio.

Ricordate che tutti i dettagli pratici vanno curati con la massima attenzione, in modo che durante il pellegrinaggio si possa vivere con serenità l'esperienza spirituale.

SEZIONE 9

LA CHIESA NELLA STORIA: L'ETÀ MODERNA

Lezioni

1 La riforma di Lutero

L'eucaristia

2 La diffusione della Riforma in Europa

3 La risposta della Chiesa di Roma

4 Fino agli estremi confini del mondo

5 La Chiesa di fronte al mondo moderno

ESPERIENZE A CONFRONTO
Missionari ovunque

COMPETENZE IN AZIONE
Chiese cristiane a confronto

Obiettivi

- Conoscere la Chiesa come realtà voluta da Dio, vivificata dallo Spirito.
  DIO E L'UOMO
- Comprendere alcune categorie fondamentali della fede cristiana.
  DIO E L'UOMO
- Focalizzare le strutture e i significati dei luoghi sacri.
  IL LINGUAGGIO RELIGIOSO

Competenze

- L'alunno ricostruisce gli elementi fondamentali della storia della Chiesa e li confronta con le vicende contestuali della storia civile elaborando criteri per avviarne un'interpretazione consapevole.

LEZIONE 1

AUDIOLETTURA

LA RIFORMA DI LUTERO

Se volessi protestare, tu avresti il coraggio di appendere sulla porta della classe un foglio con le tue idee?

Lutero e le nuove forme di corruzione

le critiche di Lutero

Nonostante il cammino di rinnovamento iniziato fra il XII e il XIII secolo, motivi di malcontento nei confronti del Papato e dei vescovi perdurarono anche nei decenni successivi. Dure critiche furono espresse da **Martin Lutero**, un monaco agostiniano nato nel 1483 che insegnava teologia nella città tedesca di Wittenberg, in Sassonia (Germania). Lutero, già turbato a motivo della corruzione e della ricchezza della Chiesa, reagì con forza di fronte al massiccio **commercio delle indulgenze** che papa Leone X sfruttò per raccogliere il denaro necessario a edificare la nuova basilica di San Pietro. La vendita delle indulgenze prevedeva che chiunque potesse ottenere il **perdono** dei peccati e la cancellazione della pena ad essi associata versando una certa somma di **denaro**. Quella delle indulgenze era una pratica diffusa nella Chiesa, ma era sempre stata rivestita di un forte **valore spirituale**, perché la remissione della pena era ottenuta attraverso la preghiera, oppure un pellegrinaggio o altri adempimenti religiosi. Legare questa pratica spirituale al pagamento di denaro era un grave segno di **corruzione**.

La storia oggi
Sul portale della chiesa di Wittenberg vi sono incise le 95 tesi di Lutero.

Le 95 Tesi

la scomunica

Lutero ritenne di non poter tacere di fronte a quello che giudicava uno **scandalo** e così, il 31 ottobre 1517 espose sulla porta della chiesa del castello di Wittenberg un testo contenente 95 Tesi nelle quali **condannava** apertamente la **vendita delle indulgenze** e il comportamento del Papa.

Inizialmente Leone X cercò di convincere Lutero a ritirare le sue Tesi e a manifestare la sua obbedienza alla Chiesa di Roma. Di fronte al suo rifiuto, decise di **scomunicarlo**. Lutero, da parte sua, bruciò pubblicamente la **bolla** papale di scomunica: un gesto estremo che lo costrinse a fuggire e a **vivere nascosto** nel castello di Wartburg, a Eisenach, ospite del principe di Sassonia, Federico il Saggio, che gli offrì aiuto e protezione. Lutero dedicò gli ultimi anni della

Lessico

Indulgenze
Secondo la dottrina cattolica, quando un uomo commette un peccato ma poi si pente, la colpa relativa a quel peccato viene perdonata; la pena, invece, ossia il tempo da scontare in purgatorio, rimane, impedendo al peccatore, morendo, di giungere immediatamente in paradiso. L'indulgenza comporta la remissione davanti a Dio della pena temporale, che il fedele ottiene per intervento della Chiesa a determinate condizioni.

Bolla
Documento imperiale, papale o episcopale munita di sigillo su cera, detto "bollo".

sua vita alla predicazione e alla stesura di alcuni scritti contro Roma. Morì la notte del 18 febbraio 1546.

CARTA INTERATTIVA

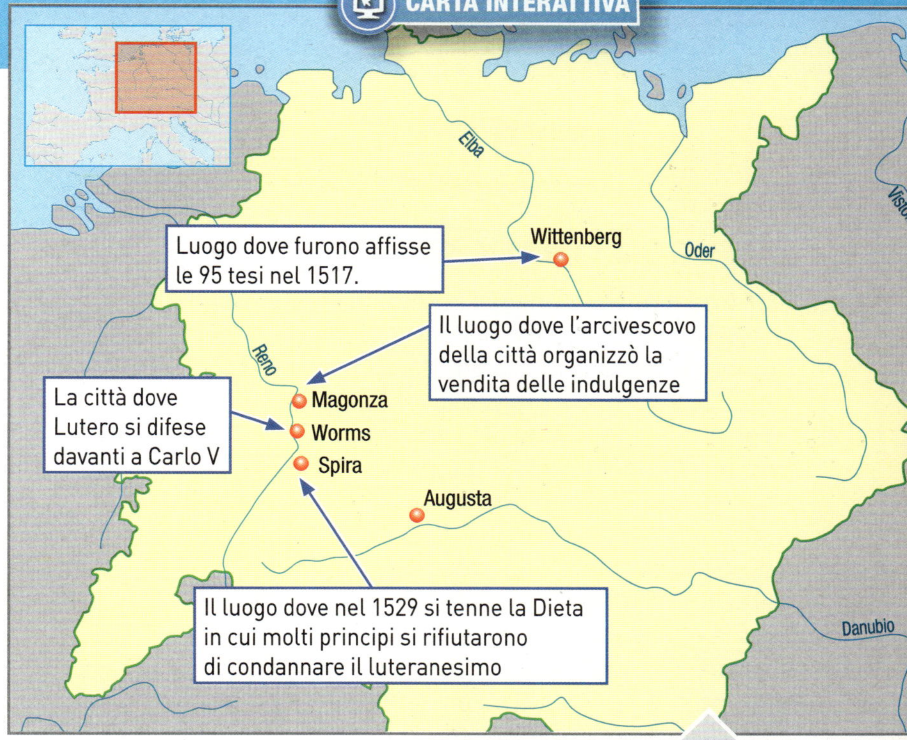

I luoghi della Riforma.

La Chiesa secondo Lutero

Lutero prende le distanze dalla Chiesa: non è quella voluta da Gesù

Nel 1519 Lutero affermò che l'unica vera **Chiesa** era stata quella di **Gerusalemme** e che quella del suo tempo non aveva più niente a che fare con la Chiesa voluta da Gesù.

Egli, inoltre, si opponeva al principio secondo il quale l'unica **interpretazione** possibile e autentica della Bibbia è quella della Chiesa.

La salvezza secondo Lutero

la salvezza è un dono di Dio non dipende dalle opere

Secondo Lutero, poi, la **salvezza** è **dono** della misericordia di Dio verso l'uomo peccatore, che egli può ottenere attraverso la **fede** in Gesù Cristo, alimentata dalla **lettura della Bibbia**, che orienta le scelte morali del credente.

Il pensiero di Lutero dunque si può sintetizzare attraverso tre espressioni:

- ***sola fide*** ("**soltanto la fede**"). La fede è totale fiducia in Dio ed è indipendente dalle opere buone o cattive che il cristiano può compiere;
- ***sola gratia*** ("**soltanto la grazia**"). Per ottenere la grazia di Dio non sono indispensabili né le opere meritorie né i sacramenti: essa dipende esclusivamente dall'iniziativa divina;
- ***sola Scriptura*** ("**soltanto la Scrittura**"). Grazie all'assistenza dello Spirito Santo, il singolo cristiano può accostarsi al testo sacro, interpretarlo liberamente e conoscere così tutta la rivelazione in esso contenuta, indipendentemente dall'interpretazione che ne dà la Chiesa.

La Chiesa luterana

prende forma una nuova Chiesa

Lutero dichiarò che soltanto i sacramenti del **battesimo** e dell'**eucaristia** (da lui denominata "Santa Cena") hanno sicuro fondamento biblico e di conseguenza sono gli unici **indispensabili**.

Egli però accusò la Chiesa romana di aver falsato l'insegnamento di Cristo presentando la Messa come rinnovamento del suo sacrificio, mentre doveva essere interpretata più semplicemente come **cena di comunione**, con un rito semplificato.

Vennero abolite le pratiche devozionali, il culto dei santi, i voti monastici. Nacque così, gradualmente, la struttura di una comunità cristiana separata da Roma.

GUIDA allo studio

Da che cosa dipende la salvezza, secondo Lutero? Scegli le tre risposte corrette e utilizzale per completare il secondo tassello della mappa a p. 138.

- ☐ Dalle opere buone
- ☐ Dalle buone intenzioni
- ☐ Dalla fede in Dio
- ☐ Dalla guida della Chiesa
- ☐ Dalla grazia che Dio concede
- ☐ Dalle indulgenze
- ☐ Dalla Scrittura

approfondiamo

LA BIBBIA TRADOTTA LA LUTERO

Durante il periodo in cui rimase nel castello di Wartburg, Lutero scrisse numerosi testi nei quali espose le proprie idee riguardo alla dottrina cristiana. Inoltre, portò a termine una grande impresa: **la traduzione in lingua tedesca della Bibbia**. Si trattava della prima traduzione in una lingua europea del testo latino della Bibbia e secondo Lutero aveva una grande importanza. A suo modo di vedere, infatti, i **fedeli dovevano essere in grado di accostarsi direttamente alle Sacre Scritture**, e questo era impossibile finché la Bibbia circolava nella versione in latino, lingua sconosciuta alla grande maggioranza della popolazione.
Grazie al rivoluzionario uso della stampa, la Bibbia di Lutero conobbe un'ampia diffusione tra i protestanti e anche traduzioni in altre lingue ebbero lo stesso successo.

Uno degli esemplari della Bibbia stampati da Gutenberg, il tipografo tedesco al quale si deve l'invenzione della stampa, XV secolo; Utrecht (Olanda), Universiteits-biblioteek.

interpretiamo un'immagine

CHIESA LUTERANA E CHIESA CATTOLICA

Nella pagina a fianco è riprodotta un'incisione del pittore tedesco Lucas Cranach il Giovane (1515-1566) che, come il padre Lucas Cranach il Vecchio (amico di Lutero), lavorò al servizio della Riforma protestante realizzando raffigurazioni sacre che esprimono i principi luterani. In questa immagine il pittore mette a confronto – separate da una colonna – la Chiesa luterana (a sinistra) e la Chiesa cattolica (a destra). Non si tratta di un confronto obiettivo, ma di un'operazione che potremmo definire di "propaganda". Della Chiesa cattolica, infatti, sono descritti solo i mali, in modo da far risaltare la perfezione della Chiesa protestante. Come in una moderna campagna pubblicitaria, si cercava di convincere le persone, ancora in maggioranza analfabete, attraverso le immagini artistiche.

- Osserva attentamente l'incisione. Qual è la prima impressione che ricavi guardando l'una e l'altra parte dell'immagine? Per esempio, c'è una parte che ti sembra più ordinata, nella quale prevalgono colori che ispirano serenità e quiete, rispetto a un'altra più disordinata e dai colori più cupi? Quale idea ha voluto esprimere il pittore con questa divisione? Quali altri rilievi puoi fare dopo un primo sguardo?

....

....

....

Ora assegna a ciascuno dei riquadri nei quali è suddivisa l'immagine una delle descrizioni che trovi qui di seguito.

1 Dio Padre è raffigurato in modo da ispirare serenità e tranquillità

2 Il battesimo viene raffigurato come primo e più importante sacramento nella vita del cristiano

3 Dio Padre viene rappresentato in maniera inquietante, mentre scaglia fulmini sulle scene di corruzione sottostanti

4 Dal pulpito Lutero impartisce il proprio insegnamento leggendo la Bibbia

5 Dal pulpito un frate predica mentre un piccolo demone con in testa la mitra (uno dei simboli della dignità del vescovo) gli suggerisce quello che deve dire

6 Il Papa è raffigurato come un mercante che dietro il suo banco vende indulgenze ai fedeli

7 In un gruppo di frati e di vescovi, un frate è rappresentato grasso e pasciuto mentre porta con sé pollame e prosciutto, mentre a un altro cadono dal saio delle carte da gioco

8 Un prete celebra la Messa da solo, ignorato da tutti

9 Alcuni frati amministrato l'estrema unzione a un moribondo

10 Due fedeli ricevono la Comunione, ricordo della Santa Cena

SEZIONE 9

AUDIOLETTURA

L'EUCARISTIA

Corpo donato e sangue versato

Gesù dona il suo corpo e il suo sangue per la nostra salvezza

Quando, narrando la vicenda terrena di Gesù, siamo arrivati a parlare di che cosa è accaduto durante l'Ultima Cena, abbiamo ricordato le parole che egli pronunciò in quell'occasione e che, al momento, risultarono incomprensibili agli apostoli:

> E, mentre mangiavano, prese il pane e recitò la benedizione, lo spezzò e lo diede loro, dicendo: "Prendete, questo è il mio corpo". Poi prese un calice e rese grazie, lo diede loro e ne bevvero tutti. E disse loro: "Questo è il mio sangue dell'alleanza, che è versato per molti. In verità io vi dico che non berrò mai più del frutto della vite fino al giorno in cui lo berrò nuovo, nel regno di Dio".
>
> Mc 14, 22-25

Lo stesso episodio è riportato anche nel capitolo 22 del Vangelo di Luca (vv. 14-20) e nel capitolo 26 del Vangelo di Matteo (vv. 26-29).
Queste parole rivelano il **senso dell'intera vita di Gesù**, il significato della sua morte e della sua risurrezione, con le quali si esprime in maniera completa il **dono che egli fa di se stesso per salvare l'umanità**. Morendo sulla croce, infatti, Gesù ha davvero donato il suo corpo e versato il suo sangue per riconciliare ogni essere umano con Dio.

Gesù presente nel pane e nel vino

è realmente presente nel pane e nel vino

Solo dopo la morte di Gesù gli apostoli compresero veramente il senso delle parole che egli aveva pronunciato durante l'Ultima Cena e capirono che il gesto che aveva compiuto andava ben al di là di quel momento particolare. A tutti fu chiaro che **rinnovare quel gesto** e ripetere quelle parole era indispensabile per rendere sempre **attuale il dono di Gesù**. Gesù, infatti, è presente in modo vero e reale sotto le specie eucaristiche del pane e del vino.
Questa presenza è possibile grazie a un evento misterioso che è stato chiamato **transustanziazione**: il pane e il vino non cambiano nulla delle loro caratteristiche esteriori (come il colore, il sapore ecc.), ma la loro essenza profonda (la loro sostanza) viene trasformata nel corpo e nel sangue di Gesù. Questo avviene quando, durante la **Messa** (nel momento

Caravaggio, *Cena in Emmaus*, 1601; Londra, National Gallery.

della consacrazione) il sacerdote invoca sul pane e sul vino l'azione dello Spirito Santo (che compie questa trasformazione) e ripete le stesse parole pronunciate da Gesù durante l'Ultima Cena. In questo modo, Gesù si rende **realmente presente**, rinnovando il **dono di sé**.

Ringraziamento e memoriale

con l'eucaristia si ringrazia Gesù e si rende attuale il suo dono

Fin dai primissimi tempi del cristianesimo, i credenti si riunivano per partecipare alla "frazione del pane" (At 2, 42): era la celebrazione dell'**eucaristia**, termine che in greco significa "ringraziamento". Attraverso l'eucaristia, infatti, **si ringrazia Dio per tutti i suoi doni**, ma soprattutto per la **vita stessa di Gesù** che continuamente si dona. Si tratta di una **memoria viva e sempre attuale**: un memoriale attraverso il quale si comprende che il dono d'amore di Dio, per il quale si compie il ringraziamento, è sempre presente e non si esaurisce mai. Il fatto poi che, allora come oggi, ci si riunisca insieme per questa celebrazione, significa che essa ha un forte **valore comunitario** e, anzi, l'eucaristia costituisce il **momento più importante nella vita di una comunità cristiana**.

L'eucaristia è il banchetto pasquale: in essa si celebra l'offerta del corpo e del sangue di Gesù come cibo e bevanda ai fedeli che si uniscono così al suo sacrificio.

A livello personale l'eucaristia è il sacramento centrale della vita di un cristiano, perché consente di entrare in comunione completa con la vita di Gesù e di stringere con lui un **legame intimo di amicizia**. Per questo, "mangiare" il pane consacrato si dice anche "**fare la comunione**", perché si entra in una comunione di vita profonda con Dio e con i fratelli.

Lessico

Transustanziazione
Termine derivante dall'unione di due parole latine: *trans*, "andare al di là" e *substantia*, "sostanza". Indica la trasformazione del pane e del vino nel corpo e nel sangue di Gesù. Nel mistero dell'eucaristia, il pane e il vino sono trasformati realmente, nella loro sostanza, nel corpo e nel sangue di Cristo, mantenendo le apparenze del pane e del vino. Questa trasformazione si attua quando il sacerdote pronuncia sul pane e sul vino le stesse parole pronunciate da Gesù nell'Ultima Cena. Lutero invece affermava la **consustanziazione**, cioè la presenza simultanea del pane e del corpo di Cristo.

Messa
Il termine Messa deriva dalla formula latina "*Ite, missa est*", con la quale si congedavano i fedeli e che significava "Andate [l'eucaristia] è stata mandata" (agli assenti e alle Chiese vicine), come si usava ai tempi delle persecuzioni. Con il tempo il termine è passato a indicare l'intera celebrazione eucaristica.

GUIDA allo studio

Associa i tre termini seguenti con la definizione corretta e **poi riportali a completare il terzo tassello della mappa a p. 138.**

1 Eucaristia
2 Transustanziazione
3 Consustanziazione

a. Trasformazione del pane e del vino nel corpo e sangue di Gesù
b. Rinnova il dono di Gesù
c. Presenza simultanea di pane e corpo

LEZIONE 2

AUDIOLETTURA

LA DIFFUSIONE DELLA RIFORMA IN EUROPA

Ma è vero che la regina d'Inghilterra è il capo della Chiesa anglicana?

I motivi politici del successo della Riforma luterana

i principi appoggiano la Riforma per accrescere il loro potere

La Riforma di Lutero ebbe grande successo in Germania, e **non solo per motivi di tipo religioso**. I principi tedeschi, infatti, sfruttarono la situazione per rivendicare la propria **autonomia in campo politico**. Essi, infatti, erano legati da un giuramento di fedeltà all'imperatore, che in quegli anni era **Carlo V** (1519-1556). Questo giuramento traeva la propria efficacia dal fatto che tutti, sia l'imperatore sia i principi, erano cattolici. Una volta abbandonata la fede cattolica, automaticamente **veniva meno anche il giuramento e quindi il legame di fedeltà**. Di conseguenza, ogni principe diventava un sovrano autonomo e indipendente. È perciò facile capire come l'idea di potersi liberare da un vincolo che limitava il proprio potere spinse molti ad aderire al nuovo insegnamento di Lutero.

Nasce una nuova Chiesa

un nuovo scisma

La situazione peggiorò ulteriormente quando i principi convertiti alla Riforma si sentirono così forti da **confiscare i beni della Chiesa**.

Carlo V, nel 1529, impose di restituire alla Chiesa romana le sue proprietà e di giurare nuovamente fedeltà all'Impero. I principi rifiutarono di farlo e poiché il testo del documento che essi consegnarono all'imperatore per sostenere il loro punto di vista iniziava con la parola latina *protestamur* (ossia, "dichiariamo solennemente"), i seguaci di Lutero da allora furono chiamati "**protestanti**".

La frattura tra Lutero e la Chiesa di Roma divenne insanabile e così si creò un **nuovo scisma**, con la nascita di una **nuova Chiesa: quella protestante**. Solo nel 1555, però, al termine di una sanguinosa guerra, l'imperatore accettò di riconoscere ai principi tedeschi la **libertà di aderire, o meno, alla Riforma**. Fu anche stabilito che i sudditi dovevano seguire la fede del loro signore.

Giovanni Calvino, XVI secolo; Ginevra, Biblioteca Universitaria.

Zwingli e Calvino: la Riforma si diffonde

la Riforma in Svizzera

Fuori dalla Germania, il protestantesimo ebbe successo grazie all'opera di alcuni importanti predicatori e teologi. In Svizzera, e in particolare a **Zurigo**, operò **Huldrych Zwingli** (1484-1531), che nel 1523 proclamò il proprio distacco dalla Chiesa di Roma e fondò una Chiesa riformata, nella quale i sacerdoti non erano più obbligati al celibato e i beni della Chiesa furono destinati ai poveri.

La storia oggi
L'abbazia di Westminster, a Londra, è uno dei più importanti luoghi di culto anglicani, sede delle incoronazioni dei sovrani d'Inghilterra fin dal 1066.

Hans Holbein il Giovane, *Ritratto di Enrico VIII a quarantanove anni*; 1539-1540; Roma, Galleria Nazionale.

Sempre in Svizzera, a **Ginevra**, il francese **Giovanni Calvino** (1509-1564) elaborò una forma particolare di protestantesimo, fondato sulla dottrina della **predestinazione**. Secondo questa dottrina l'uomo, fin dalla nascita, è **predestinato da Dio alla salvezza o alla dannazione**. Tutto quello che egli fa di bene o di male nella sua vita non serve a cambiare questa situazione. Questo, però, non significa che l'uomo può fare quello che vuole, compiendo indifferentemente il bene o il male. Anzi, non conoscendo a quale sorte è predestinato, ognuno è tenuto a **comportarsi come se fosse scelto per andare in paradiso**, agendo perciò in modo virtuoso. In questo modo ne trae vantaggio anche la società.

In Inghilterra nasce la Chiesa anglicana

la ribellione di Enrico VIII in Inghilterra

In Inghilterra le relazioni tra riforma religiosa e interessi politici furono ancora più evidenti. Da tempo, infatti, i monarchi inglesi non nascondevano la loro **insofferenza nei confronti del Papa**, che interferiva nelle loro decisioni ed esigeva che i vescovi inviassero a Roma quantità sempre maggiori di denaro.
Lo scontro si inasprì durante il regno di **Enrico VIII** (1509-1547), quando il re chiese al pontefice di riconoscere nullo il suo matrimonio con la spagnola Caterina d'Aragona (che non aveva dato eredi maschi al sovrano) per sposare Anna Bolena. Il rifiuto opposto dal Papa, **Clemente VII** (1523-1534), provocò la reazione di Enrico VIII, il quale nel 1534 fece approvare dal Parlamento l'**Atto di Supremazia**. Questo decreto stabiliva la **piena autonomia da Roma** da parte della Chiesa inglese, che da quel momento prese il nome di "**Chiesa anglicana**" (dall'antico nome dell'Inghilterra, *Anglia*) e fu posta definitivamente alle dirette dipendenze del sovrano.
Durante il regno di Enrico VIII l'anglicanesimo non si differenziò molto dal cattolicesimo, ma con i suoi successori **Edoardo VI** (1547-1553) ed **Elisabetta I** (1558-1603), **la dottrina anglicana incominciò a uniformarsi a quella di Lutero**, avvicinandosi sempre di più alla Riforma protestante.

GUIDA allo studio

Indica se le affermazioni sono vere V o false F. **Riporta l'unica risposta corretta nel quarto tassello della mappa a p. 138.**

La Riforma protestante si diffonde per ragioni religiose e politiche V F

La Riforma protestante fu appoggiata dall'imperatore Carlo V V F

Il luteranesimo non superò mai i confini della Germania V F

Calvino difese la Chiesa cattolica V F

Enrico VIII seguiva la dottrina di Lutero V F

orientarsi nella storia

LA DIFFUSIONE DELLA RIFORMA IN EUROPA

Nell'arco di pochi decenni la Riforma si diffuse in tutta l'Europa.

Osserva questa carta che illustra la situazione religiosa in Europa alla fine del XVI secolo e, aiutandoti con la legenda, indica gli Stati o le regioni nei quali erano presenti:

- i cattolici: ....
- i luterani: ....
- gli anglicani: ....
- i calvinisti: ....
- i cristiani ortodossi: ....
- i musulmani: ....

Scrivi quali furono i principali centri di diffusione della Riforma e segnali sulla carta.

- La città di .... fu il centro di diffusione dell'Anglicanesimo.
- Da .... prese avvio la Riforma luterana.
- A Ginevra nacque il movimento riformista del ....
- A Zurigo ebbe inizio la predicazione di ....

CARTA INTERATTIVA

interpretiamo un edificio sacro

LA CHIESA PROTESTANTE

1 Lungo le pareti di una chiesa protestante **non ci sono né immagini, né statue**. Non perché, come in altri culti, è ritenuto impossibile rappresentare il divino, ma perché non appare necessario riprodurre scene del Vangelo o della vita dei santi, dei quali non viene riconosciuto il culto. Per questo motivo, le pareti della chiesa sono spoglie.

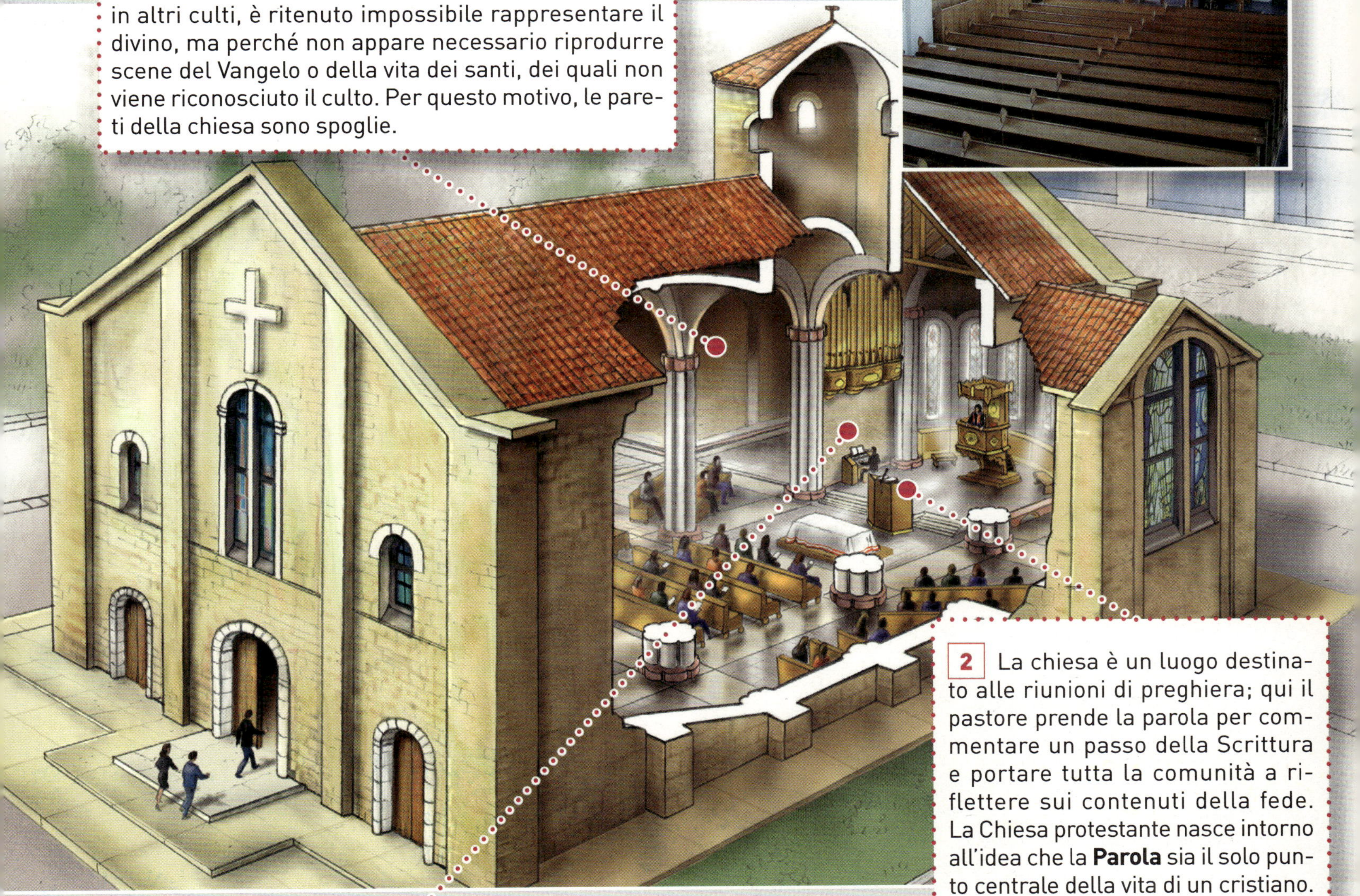

2 La chiesa è un luogo destinato alle riunioni di preghiera; qui il pastore prende la parola per commentare un passo della Scrittura e portare tutta la comunità a riflettere sui contenuti della fede. La Chiesa protestante nasce intorno all'idea che la **Parola** sia il solo punto centrale della vita di un cristiano. Il **pulpito** e l'**altare**, disposti vicini, sono i luoghi dai quali il pastore protestante celebra i due momenti principali delle assemblee domenicali: la lettura dei testi sacri con il sermone di commento e la Cena.

3 Spesso una tabella indica i **salmi che saranno pregati** durante l'assemblea, anche attraverso il canto corale. Proprio per il canto dei salmi e degli inni sacri sono nati nelle chiese protestanti gruppi che guidano la preghiera dal **coro**, una sezione separata della chiesa, a ridosso dell'altare e del pulpito.

- Quale significato ha il rifiuto della rappresentazione di immagini sacre?
- Quale effetto produce l'interno di una chiesa protestante, confrontata con l'interno delle chiese delle altre confessioni cristiane (vedi p. 94 e pp. 140-141)?

LEZIONE 3

AUDIOLETTURA

LA RISPOSTA DELLA CHIESA DI ROMA

Tu ci riesci ad ascoltare l'omelia?

Paolo III convoca il Concilio di Trento

la Riforma cattolica

Nel 1542 il papa **Paolo III** (1534-1549) convocò ufficialmente un concilio per rimediare alle lacerazioni causate dalla Riforma protestante. Il concilio si riunì tre anni più tardi, nel **1545**, a Trento, e **si concluse nel 1563**.

I lavori del **Concilio di Trento** si svilupparono intorno a due ambiti:

- quello di una corretta interpretazione della **dottrina cattolica**;
- quello della **disciplina religiosa e pastorale**.

L'interpretazione della dottrina

la corretta interpretazione della dottrina cattolica

Dal punto di vista della dottrina:

- fu ribadita la **centralità della Sacra Scrittura**, ma anche l'importanza della **Tradizione** e del **Magistero** della Chiesa;
- venne chiarito che la **salvezza** è ottenuta dall'uomo per mezzo della **fede**, ma sono ugualmente importanti anche le **opere** da lui compiute;
- furono precisati alcuni punti relativi ai **sacramenti**, fissati definitivamente nel numero di **sette**;
- circa l'**eucaristia**, venne confermata la dottrina della **transustanziazione**.
- fu elaborata la **professione di fede** che doveva essere pronunciata solennemente da ogni sacerdote.
- venne realizzato un **catechismo** per i parroci; furono rielaborati e redatti il **messale** e il **breviario**, al fine di promuovere un'unità liturgica in comunione con il Papa.

Pasquale Cati, *Il concilio di Trento e il trionfo del papato sull'eresia*, 1590-1593; Roma, Basilica di Santa Maria in Trastevere.

Lessico

Tradizione
È il complesso di insegnamenti consolidatosi a partire dai primi secoli della storia del cristianesimo e divenuto, insieme alle Scritture, elemento fondante della dottrina della Chiesa.

Magistero
Dal latino *magister* "maestro", è la funzione esercitata dalla Chiesa che aiuta a meglio comprendere gli insegnamenti di Gesù e a orientare il comportamento dei fedeli.

Transustanziazione
Vedi p. 117.

Catechismo
È il libro in cui sono esposti in modo organico i contenuti fondamentali della fede cristiana.

La storia oggi
Nella **Cattedrale di San Vigilio**, a Trento, il 13 dicembre 1545 si aprì solennemente il Concilio di Trento.

Una nuova disciplina per vescovi e sacerdoti

norme di comportamento per i sacerdoti

Sul piano disciplinare e pastorale le novità furono molte:

- fu richiesto ai vescovi di **risiedere nelle diocesi** loro assegnate, dedicandosi agli scopi pastorali della loro missione;
- venne ribadito il valore del **celibato** per sacerdoti e religiosi;
- furono dichiarate legittimi la pratica delle **indulgenze**, quella dei **pellegrinaggi**, il culto delle **reliquie**, la **devozione** ai santi e alla Vergine Maria, le **pratiche di suffragio** per i defunti;
- vennero istituiti **seminari**, nei quali i futuri sacerdoti avrebbero ricevuto un'adeguata formazione spirituale e teologica, sotto la vigilanza e la responsabilità dei vescovi;
- fu promossa un'azione organica e sistematica di **catechesi al popolo**, al fine di ridurre l'ignoranza religiosa e combattere gli errori dottrinali diffusi dalla Riforma.

I nuovi ordini religiosi

un nuovo spirito evangelico

In risposta alla Riforma protestante sorsero all'interno della Chiesa nuovi movimenti e nuovi ordini religiosi, capaci di portare un rinnovato slancio evangelico: la **Congregazione dei teatini**, fondata da Gaetano da Thiene e Gian Pietro Carafa (futuro papa Paolo IV nel 1524); i **Padri somaschi** della Compagnia dei servi dei poveri, fondata nel 1532; la **Congregazione dei barnabiti**, voluta nel 1533 da Antonio Maria Zaccaria. A partire dal 1525, poi, un gruppo di frati francescani si separò dall'ordine dei Frati minori per fondare la nuova famiglia francescana dei **Frati cappuccini**.
Assai importante fu l'azione della **Compagnia di Gesù**, i cui membri sono generalmente conosciuti con il nome di **gesuiti**. Fondata dal nobile spagnolo **Ignazio di Loyola** (1491-1556) e approvata dal papa Paolo III nel 1540, la Compagnia di Gesù impegnava chi volesse farne parte in una formazione intellettuale e spirituale estremamente rigorosa. Più di tutti, i gesuiti si assunsero il compito di **diffondere la fede cattolica** e di **arginare** con ogni mezzo **la Riforma luterana**.

Lessico

Messale
È il libro in cui sono raccolti i testi liturgici (preghiere, letture, canti) per la celebrazione della Messa, con le prescrizioni rituali.

Breviario
È un libro liturgico, contenente i passi delle Scritture, gli inni, le preghiere che vengono letti e recitati dai sacerdoti e dai monaci in determinate ore della giornata.

Pratiche di suffragio
L'insieme delle opere (pregare, far dire una Messa, ottenere un'indulgenza) compiute dai fedeli per abbreviare la pena temporale che le anime dei defunti scontano in Purgatorio per i peccati commessi durante la loro vita terrena.

GUIDA allo studio

Perché fu convocato il Concilio di Trento? **Con la risposta corretta completa il quinto tassello della mappa a p. 138.**

- ☐ Per eleggere un nuovo Papa
- ☐ Per istituire i seminari
- ☐ Per fronteggiare le lacerazioni causate dalla Riforma protestante
- ☐ Per fronteggiare il dilagare dei nuovi ordini religiosi

APPROFONDIAMO
- Riforma cattolica o Controriforma?

dal dire al fare

CONFRONTO TRA LA CHIESA RIFORMATA E LA CHIESA CATTOLICA

Ormai sei in grado di distinguere le principali differenze tra le Chiese riformate (che risalgono alla Riforma protestante) e la Chiesa cattolica.

Completa la tabella che riassume le differenze tra dottrina protestante e dottrina cattolica, inserendo le parole mancanti.

autorità • battesimo • confermazione • Cristo • custode • diretto • eucaristia • fede • fede • ordine • non • non • opere • Papa • Parola • sacerdoti • sette

	CHIESE RIFORMATE	CHIESA CATTOLICA
SALVEZZA	La salvezza dell'uomo dipende dalla .... in Dio e le sue opere .... hanno alcun peso.	La salvezza dell'uomo non deriva solo dalla .... in Dio ma anche dalle buone .... che liberamente compie.
BIBBIA	La Bibbia è di per sé chiara e per intenderla .... c'è bisogno dell'interpretazione della Chiesa.	La Chiesa è la sola .... della vera interpretazione della Bibbia.
SACRAMENTI	Sono due: .... ed	Sono ....: ...., matrimonio, ..., riconciliazione, ..., estrema unzione.
CHIESA	La Chiesa ha il suo solo capo in Cristo. L'unica .... è quella della .... rivelata nelle Sacre Scritture.	Capo della Chiesa è ...., ma il vescovo di Roma, il ...., è il garante dell'unità. I vescovi dipendono da lui e sono in comunione con lui.
SACERDOZIO	Ogni credente può porsi in contatto .... con Dio. I pastori, uomini e donne, hanno solo il compito di guidare le celebrazioni e i culti, e possono sposarsi.	I .... sono il tramite tra gli uomini e Dio. Il sacerdozio ministeriale è esclusivamente maschile e richiede l'impegno al celibato.

intervista a Carlo Borromeo

CARLO BORROMEO: A 12 ANNI GIÀ ABATE DI UNA RICCA ABBAZIA...

Sì, è vero, ma bisogna anche sapere che tutti i soldi (ed erano tanti) che mi arrivavano da quel beneficio venivano distribuiti ai poveri...

FIN DA ALLORA...?

Io non ne avevo bisogno: la mia famiglia era una delle più ricche d'Europa.

A 21 ANNI PERÒ ERI CARDINALE DI MILANO.

Sì, per volere di mio zio, il papa Pio IV. Io però non ero ancora neanche prete. Tanto che, quando mio zio morì, nel 1562, i miei familiari insistettero perché rinunciassi ai benefici ecclesiastici e prendessi moglie, per il bene della famiglia.

INVECE?

Invece io ci tenevo davvero a servire la Chiesa. Non per avere onori o ricchezze, che avrei avuto comunque. Chiesi di essere ordinato sacerdote e poi vescovo. E poi andai a svolgere il mio ministero a Milano.

PRIMA PERÒ CI FU LA PARENTESI DEL CONCILIO DI TRENTO.

Sì: partecipai attivamente alle ultime fasi del concilio, ma soprattutto mi impegnai in seguito, per fare in modo che venisse applicato.

ANCHE NELLA TUA DIOCESI?

Soprattutto nella mia diocesi! Pensa che quando sono arrivato a Milano, nel 1566, i vescovi di quella città non risiedevano più lì da 80 anni. Il titolo di arcivescovo di Milano era ambito per il prestigio e le ricchezze che offriva, ma poi coloro che l'ottenevano se ne stavano a fare la vita da gran signori a Roma.

TU INVECE CI HAI VISSUTO SEMPRE?

Fino alla morte, visitando a più riprese tutte le parrocchie della diocesi, che era enorme e si estendeva fino in Svizzera. Ho costretto i parroci a risiedere nelle loro parrocchie, ho fondato seminari per formare sacerdoti e ho incaricato i gesuiti di occuparsi dell'istruzione del popolo.

UN'ATTIVITÀ LOGORANTE!

Sì. Ma non crediate che io fossi esile e malandato come spesso mi raffigurano. Ero alto oltre un metro e 80 (un gigante per i miei tempi) e di corporatura robusta. Non mi concedevo comodità, ma non trattavo male il mio corpo: vivevo in modo semplice, come i poveri, ma non trascuravo la mia salute.

QUALCHE RIMPIANTO?

Nessuno. O forse uno: non avere aiutato abbastanza i poveri della mia diocesi, ai quali, però, ho lasciato tutti i miei beni.

LEZIONE 4

AUDIOLETTURA

FINO AGLI ESTREMI CONFINI DEL MONDO

Mission impossible?

L'evangelizzazione dell'America del Sud

nuovo slancio missionario: a fianco degli *indios*

Negli stessi anni in cui in Europa la Chiesa si trovava a dover contrastare il dilagare di nuove confessioni cristiane, negli altri continenti viveva una fase di forte **slancio missionario**. Nell'America del Sud il cristianesimo penetrò insieme ai **conquistatori** provenienti soprattutto dalla Spagna e dal Portogallo, entrambi regni cattolici. Ai sovrani di questi due regni il Papato affidò il compito di **evangelizzare i continenti americani**, con l'aiuto dei francescani, dei domenicani e dei gesuiti.

I missionari presero a cuore la conversione delle popolazioni indigene (chiamate ***indios***), e molti furono anche coloro che protestarono contro le crudeltà compiute dai *conquistadores* nei confronti degli indigeni. Tra questi, il domenicano **Bartolomeo de Las Casas** che cercò di creare delle aziende agricole dove gli *indios* potessero vivere serenamente, senza dovere sottostare al lavoro forzato o alla schiavitù imposta dai soldati spagnoli e portoghesi.

La rievangelizzazione dell'Africa

padri comboniani in Africa

Il cristianesimo arrivò prestissimo in Africa: secondo la tradizione, vi fu portato dall'evangelista Marco già intorno al 40 d.C. A partire dal VII secolo, però, le regioni dell'Africa settentrionale aderirono all'**islam**.

Nonostante la presenza dei musulmani, nel Medioevo furono fatti diversi **tentativi per rievangelizzare l'Africa**. Nel 1255 francescani e domenicani si stabilirono in Marocco, con l'intenzione di raggiungere le popolazioni che abitavano nella regione sub-sahariana. Nel 1316, un gruppo di **otto domenicani** fu mandato in Etiopia da papa Giovanni XXII (1316-1334) per portare il cristianesimo in quelle re-

Essere missionari oggi
Molti medici prestano la loro assistenza nei Paesi più poveri del mondo. Nell'immagine vediamo un medico di un'organizzazione non governativa di Padova, il CUAMM, che si occupa anche della formazione dei medici e del personale a Wolisso, presso Addis Abeba, in Etiopia.

Essere missionari oggi
Un gruppo di bambini assiste alla distribuzione degli aiuti umanitari vicino a un centro Caritas nei pressi di Roxas nelle Filippine, L'area è stata duramente colpita nel novembre 2013 dal tifone Haiyan. La Caritas, ha portato assistenza materiale alle numerose famiglie che hanno perso tutto nel disastro.

gioni. Nel 1867 **Daniele Comboni** (1831-1881) diede vita a una delle più importanti congregazioni dell'Ottocento, i cosiddetti "comboniani" che ancora oggi si distinguono per una vivace attività a servizio dell'Africa e di difesa dei diritti del Terzo mondo.

Il cristianesimo in Asia

evangelizzare studiando la cultura

Anche in Asia il cristianesimo fu conosciuto sin dal Medioevo. Su incarico di papa Innocenzo IV (1243-1254), il francescano **Giovanni da Pian del Carpine** (1182 ca. - 1252) arrivò nel Karakorum, in Mongolia, per tentare la conversione di quel popolo.
A partire dal 1289, **Giovanni da Montecorvino** riuscì a creare un vescovato cattolico a Pechino con migliaia di fedeli. Il cristianesimo, però, penetrò con estrema fatica in Cina, nonostante l'impegno di personaggi di grande valore morale, come il gesuita **Matteo Ricci** (1552-1610), che visse presso la corte imperiale e studiò a fondo la **cultura cinese** per meglio presentare il messaggio del Vangelo, guadagnandosi la stima e l'ammirazione di tutti.
Francesco Saverio (1506-1552), fondatore con Ignazio di Loyola della Compagnia di Gesù, svolse la sua attività missionaria in India e fu il primo missionario a visitare il Giappone. Il suo metodo di evangelizzazione consisteva nel **condividere la vita dei popoli da evangelizzare**, imparando non solo la lingua, ma anche gli usi e le tradizioni religiose.

GUIDA allo studio

Ricomponi la frase e riportala nel settimo tassello della mappa a p. 138.

l'America del Nord e del Sud, – l'Africa e l'Asia – Tra il XVI e il XVII secolo – i missionari raggiungono – una rapida espansione nel mondo: – conosce – il cristianesimo

VIDEO
- Missionari con Pauline Marie Jaricot

approfondiamo

PURITANI E QUACCHERI VERSO L'AMERICA DEL NORD

Non solo la Chiesa cattolica, in realtà, conobbe, tra XVI e XVII secolo, un movimento di rapida espansione: anche i protestanti sbarcarono soprattutto nell'America del Nord.
Tra questi vi furono i **puritani** e i **quaccheri**, partiti dalla Gran Bretagna.

- I puritani ebbero vita difficile in Inghilterra perché, pur essendo fedeli alla Chiesa anglicana, auspicavano un più deciso **orientamento in senso calvinista**. Così alcuni decisero di partire per il Nuovo Mondo, dove speravano di costruire una nuova società, secondo i loro ideali. Partiti nel 1620, i "**Padri Pellegrini**" (come vennero chiamati) raggiunsero la costa orientale dell'America settentrionale, che ribattezzarono New England.
- I quaccheri, seguaci del predicatore **George Fox** (1624-1691), partirono dall'Inghilterra nel 1674, costretti alla fuga perché, essendo convinti pacifisti, rifiutavano di combattere in nome del re. Approdati nell'America del Nord fondarono la colonia della Pennsylvania e la città di Filadelfia, nome che significa "città dell'amore fraterno".

Essere missionari oggi
Molti operatori aiutano i ragazzi detenuti nel carcere di Nisida, vicino a Napoli, a costruire una nuova vita. Sono molto importanti i corsi per pizzaioli: alcuni ragazzi che sono usciti dal carcere oggi lavorano per importanti pizzerie. Nell'immagine vediamo un ragazzo con don Fabio De Luca, il cappellano del carcere.

Essere missionari oggi
Nella periferia di Milano padre Eugenio Brambilla ha creato una scuola popolare che per i giovani in difficoltà. Il progetto anti-abbandono scolastico si chiama I-Care. Oltre 300 ragazzi sono stati finora riportati sui banchi di scuola.

indaghiamo

STORIE DI MISSIONARI

- Procuratevi, con l'aiuto dell'insegnante, alcune riviste missionarie (per esempio, "Popoli e missione", "Nigrizia", "Missione oggi", "Mani tese" ecc.) e cercate storie vere di missionari, uomini e donne, che operano nelle missioni o che ne sono stati fondatori importanti (come Daniele Comboni).
- Dopo aver esaminato insieme i materiali, scegliete ciascuno la storia che vi ha colpito di più. Poi raccontatela in un breve testo (non più di 160 caratteri) con alcune immagini correlate da didascalia.

Missionari ovunque

La parola "missionario" evoca, a tutta prima, l'immagine di preti e suore che partono per raggiungere Paesi lontani, perlopiù molto poveri, dove, oltre ad annunciare il Vangelo, devono darsi da fare in ogni tipo di assistenza: curare malati, costruire pozzi per l'acqua, insegnare ai bambini... Ed è anche comprensibile che sia così, perché ormai siamo tutti convinti che l'annuncio del Vangelo non può essere separato dalla promozione della giustizia e della dignità delle persone. Meno noto è il fatto che, da qualche decennio a questa parte, sono moltissimi anche i laici (e non poche coppie di giovani sposi) che diventano missionari. E forse, meno comune ancora è il pensiero che si può essere missionari anche senza muoversi dalla propria città o dal proprio Paese e che il primo impegno missionario ciascuno dovrebbe svolgerlo nel contesto in cui quotidianamente vive.

Servire senza un nome

Annalena Tonelli nacque nel 1943 a Forlì e dopo la laurea in giurisprudenza partì missionaria per il Kenya, tra la popolazione somala presente nel Paese. Qui, acquisì competenze di carattere medico e si occupò soprattutto di organizzare la cura della tubercolosi. Non era religiosa e non apparteneva a nessun ordine religioso. Di sé disse una volta:

> Vivo a servizio senza un nome, senza la sicurezza di un ordine religioso, senza appartenere a nessuna organizzazione, senza uno stipendio, senza versamento di contributi volontari per quando sarò vecchia. Sono non sposata perché così scelsi nella gioia quando ero giovane. Volevo essere tutta per Dio.

In Kenya Annalena Tonelli prese posizione contro le repressioni compiute dall'esercito contro le minoranze somale, tanto da essere costretta a lasciare il Paese. Nel 1984 si trasferì in Somalia, dove proseguì il suo lavoro collaborando strettamente con i musulmani. Fino al 2005, quando venne uccisa da un commando islamico nell'ospedale che lei stessa aveva fondato a Borama.

QUALE INSEGNAMENTO RICAVO?

- Quali immagini o impressioni ti suscitano le parole "missione" o "missionario"?
- Quale definizione daresti di "missionario"?
- Hai mai conosciuto un missionario o una missionaria? Ne sei rimasto colpito? Perché?
- Ci sono luoghi nella tua vita quotidiana nei quali potresti essere "missionario"? In che modo?

LEZIONE 5

AUDIOLETTURA

LA CHIESA DI FRONTE AL MONDO

Ti sei mai trovato in una situazione di ingiustizia? Qualcuno ti ha dato una mano?

La Chiesa e il mondo moderno

grandi cambiamenti

La storia dei secoli XVIII e XIX fu segnata da grandi trasformazioni sul piano economico e politico:

- la **Rivoluzione francese** sovvertì il sistema politico assolutistico dell'Età moderna;
- i movimenti di pensiero alla base dell'**Illuminismo** determinarono una nuova visione del mondo e della società che non si riconoscevano più nei valori cristiani;
- la **rivoluzione industriale**, grazie all'introduzione di nuovi macchinari e di tecnologie moderne, trasformò totalmente il sistema economico e il modo di vivere di moltissime persone.

Consapevole di queste e di altre difficoltà politiche, sociali, culturali e religiose, la **Chiesa** ha cercato di **rispondere alle esigenze dell'uomo moderno**.

La questione sociale

ingiustizie e povertà

La nascita e la diffusione dell'**industria** determinarono profonde **trasformazioni sociali**. La creazione di nuove fabbriche, prevalentemente nelle città, aveva costretto gran parte degli abitanti delle campagne a trasferirsi nei nuovi centri industriali, privandoli di qualsiasi autonomia economica. Rispetto a un limitato numero di persone ricche, che in genere possedevano le fabbriche, i cosiddetti **capitalisti**, andava via via crescendo una moltitudine di lavoratori, i **proletari**. Costretti a lavorare anche 12 o 14 ore consecutive nelle manifatture e nelle industrie, costoro vivevano in **situazioni di estremo degrado sociale**: condizioni di lavoro spaventose, sovraffollamento urbano, situazione igienica disastrosa e conseguenti malattie, povertà, analfabetismo, alcolismo. Tutto questo portò a parlare di una "**questione sociale**": un problema nato dalle situazioni di **ingiustizia e povertà** al quale la Chiesa era tenuta a dare una risposta.

Lessico

Capitalista
Chi possiede dei capitali, cioè la ricchezza che cresce e si rigenera attraverso le attività produttive che con essa vengono create e sostenute.

Proletari
Dal latino *prolem*, "l'insieme dei figli", il termine è usato per designare una classe sociale dal reddito molto basso che trae soltanto dal lavoro salariato. Non avendo la proprietà dei mezzi di produzione, ha come unica ricchezza il lavoro che può essere svolto dai figli, cioè la prole.

Don Bosco aveva compreso che l'istruzione era l'unico mezzo per permettere ai giovani e alle loro famiglie di rompere il circolo vizioso della povertà. Ancora oggi i salesiani si dedicano all'educazione con scuole in ogni parte del mondo. Nell'immagine vediamo la **scuola tecnica di Thecho** in **Nepal**.

Dalla parte degli emarginati

l'aiuto concreto della Chiesa

Di fronte ai gravi problemi sociali la Chiesa si impegnò nella **difesa dei principi di fratellanza umana e di giustizia sociale**, contro lo sfruttamento dei lavoratori.
Per merito della Chiesa fiorirono moltissime iniziative rivolte alla cura e all'**educazione dei giovani**, all'**assistenza ai malati e alle persone indigenti**. Solo in Italia basti ricordare i salesiani di **Giovanni Bosco** (1815-1888), che si dedicano all'educazione e all'istruzione dei ragazzi e dei giovani, e la congregazione fondata da **Giuseppe Benedetto Cottolengo** (1786-1842), che si occupa degli emarginati e dei malati, in particolare di chi ha gravi menomazioni fisiche e mentali.
Accanto alle nuove congregazioni, si mobilitarono in favore dei poveri anche antichi ordini religiosi, come i francescani e i gesuiti.

La dottrina sociale della Chiesa

la riflessione a favore dei più deboli

La questione sociale e le cause che l'avevano prodotta vennero affrontate in ambito laico dal **socialismo** e dal **marxismo**. Queste nuove **ideologie**, entrambe schierate in difesa dei lavoratori, avevano in comune un **atteggiamento ostile nei confronti della Chiesa e della religione**: verso la Chiesa perché considerata alleata delle classi dominanti; verso la religione perché ritenuta strumento con cui le classi dominanti stesse mantenevano sottomesse le classi più umili.
In opposizione a queste ideologie, ma soprattutto come risposta alla questione sociale, nel 1891 papa **Leone XIII** (1878-1903) promulgò l'**enciclica** ***Rerum novarum*** (*Le cose nuove*).
Secondo il pontefice, la soluzione dei conflitti tra le classi doveva nascere dalla **collaborazione fra lavoratori e datori di lavoro**. Questi ultimi, in particolare, erano incoraggiati a dimostrarsi più sensibili alle esigenze della classe operaia, riconoscendo i diritti dei lavoratori e la loro aspirazione a salari più equi e a un livello di vita più dignitoso.
La *Rerum Novarum*, insieme ad altri documenti scritti da Leone XIII, costituì una tappa fondamentale nell'elaborazione della **dottrina sociale** della Chiesa.

La storia oggi
L'ingresso della **Piccola Casa della Divina Provvidenza** fondata da Giuseppe Cottolengo.
La Piccola Casa, fin dai tempi della fondazione, ha realizzato una varietà di servizi: quello sanitario, di pronta accoglienza, il servizio a domicilio, l'istruzione e l'educazione, privilegiando sempre le persone in situazione di maggior difficoltà.
Oggi la Piccola Casa è presente in Europa, in Africa, in Asia e nelle Americhe.

Lessico

Ideologie
L'ideologia è l'insieme dei principi e delle idee proprie di un periodo storico, un gruppo sociale, un movimento, un autore.

Enciclica
Dal greco *enkýklios*, che letteralmente significa "messo in circolo". Si tratta di un documento, scritto sotto forma di lettera (una lettera circolare), che il Papa indirizza ai vescovi, ai sacerdoti e ai fedeli di tutto il mondo. Anche se viene tradotta in tutte le lingue, l'originale è scritto in latino. Il titolo dell'enciclica è formato dalle prime due o tre parole del testo.

Dottrina sociale
Espressione che indica gli insegnamenti della Chiesa riguardanti i temi della giustizia sociale, anche in riferimento a problemi legati al mondo del lavoro, all'emarginazione e a tutte le situazioni di povertà.

GUIDA allo studio

Inserisci la definizione corretta e poi riportala per completare l'ottavo tassello della mappa a p. 138.

enciclica – giustizia sociale – dottrina sociale – questione sociale

La *Rerum novarum* pose le basi della .... della Chiesa, che affronta in modo coerente con gli ideali cattolici i problemi sociali del mondo industriale moderno.

discutiamo

LA RICCHEZZA VA USATA PER IL BENE COMUNE

> L'uomo non deve possedere i beni esterni come propri, bensì come comuni, in modo che facilmente li comunichi all'altrui necessità. [...] soddisfatte le necessità e la convenienza è dovere soccorrere col superfluo i bisognosi. Quello che sopravanza date in elemosina. Eccetto il caso di estrema necessità, questi, è vero, non sono obblighi di giustizia, ma di carità cristiana il cui adempimento non si può certamente esigere per via giuridica, ma sopra le leggi e i giudizi degli uomini sta la legge e il giudizio di Cristo, il quale inculca in molti modi la pratica del dono generoso e insegna: È più bello dare che ricevere, e terrà per fatta o negata a sé la carità fatta o negata ai bisognosi: Quanto faceste ad uno dei minimi di questi miei fratelli, a me lo faceste.
>
> *Rerum Novarum*, n. 19

In questo passaggio dell'enciclica *Rerum Novarum*, Leone XIII, facendo appello alla responsabilità individuale, dice che la ricchezza non deve essere accumulata ma utilizzata per il bene comune.
Pensa a ciò che succede oggi: si consuma e si possiede molto più del necessario, con gravi conseguenze anche ambientali; il divario tra chi ha troppo e chi ha troppo poco cresce in modo drammatico; il lusso pare in certi casi un valore assoluto e la responsabilità verso gli altri è talvolta considerata un segno di debolezza quando non di stupidità.

- Alla luce di queste e altre considerazioni, quanto è attuale, secondo te, questo messaggio? Discutine in classe con i compagni.

biografie in un tweet

I SANTI SOCIALI

Nell'Ottocento una parte rilevante della popolazione viveva in una condizione di povertà assoluta. Gli effetti dell'industrializzazione colpivano le fasce sociali più deboli, cioè i bambini, i ragazzi e le donne. In loro aiuto si prodigarono alcuni personaggi conosciuti come Santi Sociali. **Giovanni Bosco** e **Giuseppe Cottolengo**, che abbiamo già incontrato (vedi p. 132), **Giulia e Tancredi di Barolo**, **Giuseppe Cafasso**, **Francesco Faà di Bruno**, **Leonardo Murialdo**, **Giuseppe Allamano**.

- Cerca qualche informazione su questi personaggi e poi scrivi la biografia di uno di loro in 160 caratteri.

parole per vivere insieme

LAVORO

IL LAVORO È UNA MERCE O UN DIRITTO?

Il lavoro è un elemento importante nella vita delle persone, sia che lo si consideri come una **fatica necessaria per vivere** sia come un'**occasione per esprimere le proprie capacità**. Con l'avvento della rivoluzione industriale il lavoro fu considerato alla stregua di una merce da comprare sul mercato, secondo l'interesse dei proprietari delle fabbriche e senza alcun rispetto della dignità umana. Solo successivamente, grazie alle associazioni degli operai, che oggi chiamiamo sindacati, i lavoratori riuscirono a ottenere salari migliori e una legislazione che proteggesse il lavoro. Quando dopo la Seconda guerra mondiale fu scritta la Costituzione della Repubblica italiana, il **lavoro** venne posto **tra i principi sui quali si fonda la Repubblica democratica** e venne stabilito il **diritto di ciascun cittadino ad avere un lavoro, equamente retribuito** e svolto in condizioni che rispettino e garantiscano la **dignità** e la **salute dei lavoratori**. Nella società attuale la mancanza di lavoro spesso mette a rischio i diritti, soprattutto dei giovani che lo cercano. Fino a che punto è lecito chiedere a un lavoratore di rinunciare ai propri diritti pur di avere un'occupazione? Credi che il lavoro serva solo per guadagnare? Oppure ritieni che debba contribuire a dare dignità all'uomo?

Scrivi un commento a ciascuna delle due affermazioni. Poi discutine con i tuoi compagni.

LAVORO

è/non è una merce | **è/non è un diritto**

La disoccupazione giovanile ha causato, nel 2012, un danno da 162 miliardi di euro all'economia europea. È quanto riporta Eurofound, la Fondazione europea per il miglioramento delle condizioni di vita e lavoro, nel dossier "Mappatura del passaggio alla vita adulta in Europa". Lo studio ha contato circa 14,6 milioni di "NEET" (l'acronimo inglese di "Not (engaged) in Education, Employment or Training) in Europa, ovvero quei giovani che nel 2012 non studiavano, non lavoravano né seguivano corsi di formazione. Una cifra che corrisponde al 15,9% della popolazione nella fascia d'età tra i 15 e i 29 anni. Secondo lo studio, a gennaio 2014 il 23% dei giovani tra i 15 e i 24 anni in cerca di lavoro non era ancora riuscito a trovarlo.

SEZIONE 9

Facciamo il punto

Completa il riassunto della sezione inserendo correttamente le parole elencate di seguito.

eucaristia • grazia • opere • missionario • Trento • indulgenze • Bibbia • Chiesa • indulgenze • Chiesa anglicana • industria

1. Nel 1517 Lutero condanna la Chiesa per la vendita delle .... con le 95 tesi. Papa Leone X lo scomunica. Lutero afferma che la salvezza dell'uomo dipende esclusivamente dalla sua fede e dalla .... di Dio (non sono indispensabili le buone opere) e che l'uomo può accostarsi direttamente alla .... senza l'interpretazione della Chiesa. Gli unici sacramenti che Lutero riconosce sono il battesimo e l'eucaristia.
2. Con il sacramento dell'.............................. i cristiani rinnovano il dono di Gesù morto e risorto per la salvezza di tutti gli uomini. Gesù è realmente presente nell'eucaristia grazie alla transustanziazione.
3. I principi tedeschi appoggiano la Riforma per motivi politici. Così la Riforma si diffonde e nasce la Chiesa protestante. La Riforma giunge anche in Svizzera con Zwingli e Calvino. In Inghilterra nasce la ....
4. Per rimediare alle lacerazioni causate dalla Riforma protestante, nel 1542 la Chiesa si riunisce in un concilio a ...., durante il quale:
   - vengono precisati i punti fondamentali della dottrina cattolica (la centralità del Magistero nell'interpretazione delle Scritture, l'importanza delle .... nella salvezza, la transustanziazione) e viene elaborato un nuovo catechismo per i parroci;
   - viene stabilita una nuova disciplina per i sacerdoti (è ribadito il celibato, confermata la pratica delle ...., istituiti i seminari, promossa la catechesi del popolo).
5. Il rinnovato slancio evangelico porta alla nascita di nuovi ordini religiosi: barnabiti, cappuccini e gesuiti.
6. Tra il XVI e il XVII secolo si assiste a un nuovo slancio .... Missionari cattolici si recano nell'America del Sud, in Africa, in Asia.
7. I secoli XVII e XVIII sono segnati da grandi trasformazioni che hanno conseguenze anche drammatiche. Con la nascita dell'.............................., le città si riempiono di operai che vivono in condizioni di estrema povertà. La .... interviene in aiuto di poveri e malati: nascono nuove congregazioni religiose, fra le quali i salesiani.

Leggi con attenzione le seguenti affermazioni, distinguendo tra la dottrina cattolica e quella protestante e stabilisci a chi attribuirle, a Leone X o a Lutero.

A. L'uomo si salva perché ha fede, non perché compie buone opere.
B. L'uomo nasce peccatore ma con il battesimo e ricorrendo alla confessione ottiene il perdono di Dio.
C. Il Magistero della Chiesa è garante dell'interpretazione della Bibbia.
D. Ognuno può interpretare liberamente la Bibbia.
E. Esistono solo due sacramenti validi: il battesimo e l'eucaristia.
F. Il Papa e i vescovi sono successori degli apostoli e guidano la Chiesa.

L'esercizio precedente ci è servito per mettere a fuoco le differenze tra cattolici e protestanti, ma possiamo anche usarlo per sottolineare ciò che invece li unisce. Utilizzando le informazioni, completa le frasi che entrambi potrebbero pronunciare.

Costruiamo la nostra mappa

1

RIFORMA PROTESTANTE
L'unità della Chiesa subisce un nuovo colpo: nel 1517 Lutero espone le 95 Tesi nella quali condanna la vendita delle indulgenze

2

Lutero afferma che la Chiesa del suo tempo non è più quella voluta da Cristo e che la salvezza dell'uomo non dipende dalle sue opere, ma solo:

- ....
- ....
- ....

Non la Chiesa ma la Bibbia è la sola guida dei credenti.
Gli unici sacramenti sono battesimo e eucaristia

3

Con il sacramento dell'.................... i cristiani rinnovano il dono di Gesù morto e risorto per la salvezza di tutti gli uomini. Gesù è realmente presente nell'eucaristia grazie alla ...., cioè la trasformazione, che avviene durante la celebrazione eucaristica, di tutta la sostanza del pane e del vino nel suo corpo e nel suo sangue. Lutero affermava invece la ...., cioè la presenza simultanea del pane e del corpo

4

....

....

Nascono:

- la Chiesa luterana (1555)
- le Chiese riformate: Zwingli e Calvino
- la Chiesa anglicana

5

RIFORMA CATTOLICA

.... viene convocato il Concilio di Trento (1545-1563) che definisce:

- la corretta interpretazione della dottrina cattolica
- una nuova disciplina religiosa e pastorale

6

Nascono nuovi ordini religiosi: cappuccini, teatini, barnabiti e gesuiti

7

....

....

....

....

8

Nei secoli XVIII e XIX la Chiesa affronta i problemi legati alla rivoluzione industriale, ponendo le basi della .... della Chiesa

Verifichiamo le conoscenze

1 Che cos'è l'indulgenza?

....

....

2 Indica se queste affermazioni sono vere V o false F.

a. Le 95 Tesi di Lutero condannavano le indulgenze V F

b. Le 95 Tesi condannavano la vendita delle indulgenze V F

c. Lutero tradusse la Bibbia in tedesco perché la potesse leggere anche chi non conosceva il latino V F

d. Prima che la Bibbia fosse tradotta in tedesco la gente la leggeva in latino V F

e. Secondo Lutero l'uomo che compie buone azioni ha più probabilità di salvarsi V F

f. Secondo Lutero l'uomo è salvato non dalle opere ma dalla grazia di Dio V F

g. L'autorità della Bibbia è superiore all'autorità della Chiesa V F

h. Ciascuno ha diritto al libero esame della Bibbia V F

i. Secondo Lutero i sacramenti più importanti sono due: il battesimo e l'eucaristia V F

3 Come nacque la Chiesa anglicana?

....

....

....

4 Secondo Calvino, Dio ha già stabilito chi si salverà e chi sarà dannato, indipendentemente dalle azioni di ciascuno.

- Quale nome viene dato a questa dottrina?
- Se le azioni non contano ai fini della salvezza, è dunque indifferente comportarsi bene o male? Motiva la tua risposta.

5 Inserisci correttamente nel testo le seguenti parole o espressioni.

Magistero • catechismo • Riforma protestante • sacramenti • rinnovamento • seminari • Tradizione • messale • Trento • breviario • giustificazione • concilio • clero

La Chiesa sentì l'esigenza di rispondere alla ...., riaffermando la propria autorità e nel contempo affrontando l'esigenza di un .... al suo interno.
Nel 1545 fu radunato a .... un ...., che durò fino al 1563, in cui furono gettate le basi della Riforma cattolica. In particolare fu riaffermato il valore del .... e della ...., fu definita la posizione cattolica sul peccato originale, sulla .... e vennero chiariti alcuni punti relativi ai ....
Nel contempo ci si preoccupò di redigere un ...., furono messi a punto .... e .... e venne introdotta una più rigida disciplina per il .... Per una preparazione adeguata del clero vennero istituiti i ....

6 Indica se queste affermazioni sono vere V o false F.

a. Bartolomeo de Las Casas aiutò gli *indios* dell'America del Sud a sottrarsi alla schiavitù imposta dai *conquistadores*. V F

b. I francescani e i gesuiti insegnarono agli *indios* le tecniche agricole europee. V F

c. In Africa il cristianesimo arrivò dopo la nascita dell'islam. V F

d. Daniele Comboni diede vita a una congregazione missionaria che prese da lui il nome. V F

e. Nel Seicento i gesuiti cercarono di impedire la tratta degli schiavi V F

f. Matteo Ricci svolse la sua attività di missionario in Africa. V F

g. In Asia i missionari studiarono la lingua e la cultura dei popoli per diffondere il messaggio evangelico. V F

h. Francesco Saverio fu il primo missionario cristiano a giungere in Giappone. V F

COMPETENZE IN AZIONE

VIDEO
• La domenica in chiesa

Chiese cristiane a confronto

Inseguito alla divisione del cristianesimo in tre grandi "rami", quello cattolico, quello ortodosso e quello protestante, i luoghi di culto si sono differenziati a seconda delle caratteristiche di ciascuna confessione.
Con l'aiuto del vostro insegnante, verificate se dove vivete ci sono dei luoghi di culto ortodossi e protestanti e se è possibile visitarli. **Conoscere l'organizzazione degli spazi dedicati al culto**, infatti, **è utile per capire le differenze** ma soprattutto **ciò che i cristiani hanno in comune**. Per aiutarvi a preparare la visita prenderemo in considerazione gli edifici sacri delle tre confessioni del cristianesimo per vederne le caratteristiche.
In questa pagina vi proponiamo l'**interno di una CHIESA CATTOLICA che potrete confrontare con la chiesa ortodossa a p. 94 e con la chiesa protestante a p. 121**.

1 La grande aula centrale, la **navata**, talvolta affiancata da altre due navate laterali, ha il compito di radunare e contenere le persone che partecipano ai riti. Si sviluppa in lunghezza, dalla porta d'ingresso verso l'altare. I **dipinti** alle pareti e le **vetrate** della navata raccontano per immagini le grandi storie cristiane, quelle dell'Antico o del Nuovo Testamento o, ancora, quelle dei santi.

2 Nella navata ci sono i **banchi**, sui quali i fedeli possono sedersi e inginocchiarsi durante i riti o per la propria personale preghiera.

VISITA DIDATTICA INTERATTIVA

- La chiesa cattolica

- Avete mai fatto attenzione alle diverse parti che compongono una chiesa? Quando entrate nella tua vostra chiesa, provate a notare dove si trovano l'altare, l'ambone, il tabernacolo.
- Quale funzione hanno gli ornamenti di una chiesa: i dipinti, le statue, le storie raccontate, per esempio, nelle vetrate? Provate a capire quali storie sono raccontate nella chiesa in cui siete entrati.
- Secondo voi, l'architettura interna di una chiesa è utile alla preghiera? Favorisce il raccoglimento?
- Ripassate le lezioni nelle quali avete studiato lo Scisma d'Oriente, la Riforma protestante e la Riforma cattolica. Poi analizzate con attenzione le immagini della chiesa ortodossa a p. 94 e della chiesa protestante a p. 121, confrontandole con la chiesa cattolica raffigurata qui.
- Potreste dire che c'è una stretta corrispondenza tra modo di credere e luoghi di culto? Tra le **chiese cristiane**, quali ritenete siano i **punti di contatto** più importanti, almeno per quanto possono indicare i luoghi di culto che avete potuto osservare?

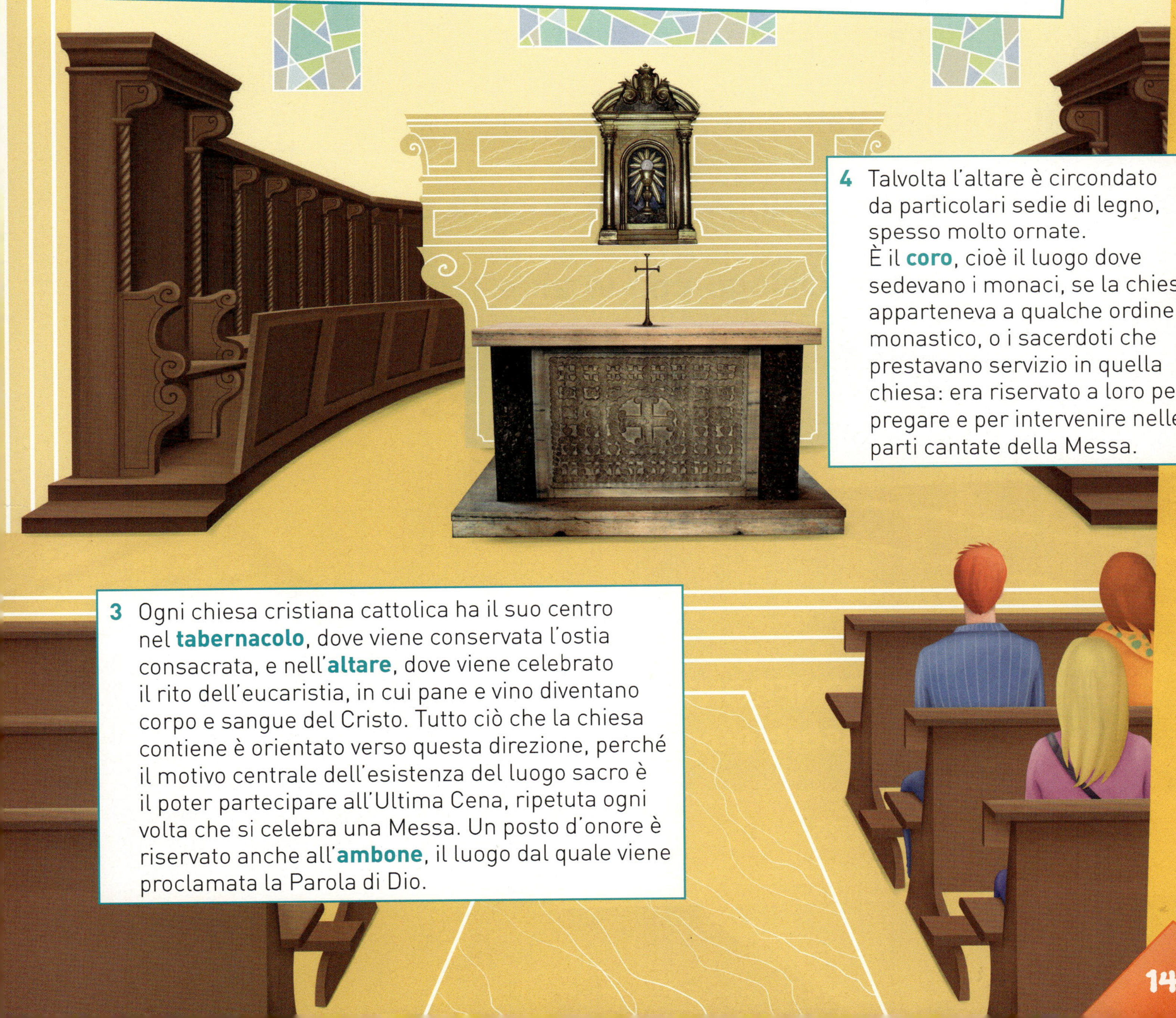

4 Talvolta l'altare è circondato da particolari sedie di legno, spesso molto ornate. È il **coro**, cioè il luogo dove sedevano i monaci, se la chiesa apparteneva a qualche ordine monastico, o i sacerdoti che prestavano servizio in quella chiesa: era riservato a loro per pregare e per intervenire nelle parti cantate della Messa.

3 Ogni chiesa cristiana cattolica ha il suo centro nel **tabernacolo**, dove viene conservata l'ostia consacrata, e nell'**altare**, dove viene celebrato il rito dell'eucaristia, in cui pane e vino diventano corpo e sangue del Cristo. Tutto ciò che la chiesa contiene è orientato verso questa direzione, perché il motivo centrale dell'esistenza del luogo sacro è il poter partecipare all'Ultima Cena, ripetuta ogni volta che si celebra una Messa. Un posto d'onore è riservato anche all'**ambone**, il luogo dal quale viene proclamata la Parola di Dio.

SEZIONE 10

LA CHIESA NELLA STORIA: TRA XX E XXI SECOLO

Lezioni

Obiettivi

- Conoscere la Chiesa come realtà voluta da Dio, vivificata dallo Spirito.
  DIO E L'UOMO
- Comprendere alcune categorie fondamentali della fede cristiana.
  DIO E L'UOMO

Competenze

- L'alunno ricostruisce gli elementi fondamentali della storia della Chiesa e li confronta con le vicende contestuali della storia civile elaborando criteri per avviarne un'interpretazione consapevole.

LEZIONE 1

AUDIOLETTURA

IL CONCILIO VATICANO II

Ricordate che cos'è un concilio ecumenico?

Un concilio per cogliere i "*segni dei tempi*"

la Chiesa si aggiorna

A partire dagli anni Cinquanta del Novecento la società fu investita da **profonde e rapide trasformazioni**. Di fronte ai grandi mutamenti in atto, anche la Chiesa doveva cambiare, se voleva continuare a essere una presenza significativa nella vita del mondo e proseguire nella sua missione di annuncio del Vangelo.

Il Pontefice che ebbe il coraggio di raccogliere le nuove sfide del mondo contemporaneo fu **Giovanni XXIII** (1958-1963), diventato Papa nel 1958 dopo la morte di Pio XII.

Uomo di vasta cultura ma anche dotato di una spiccata sensibilità pastorale, Giovanni XXIII era perfettamente consapevole del fatto che la Chiesa aveva ormai bisogno di fermarsi a riflettere per capire **quali risposte dare a un mondo in costante e rapido movimento**. Fu lui che per primo usò la parola "***aggiornamento***" a proposito dello sforzo che la Chiesa doveva compiere per rimettersi al passo con i tempi. Per fare questo, egli ebbe una importante intuizione: la convocazione di un grande concilio, il **Concilio Ecumenico Vaticano II**, un vero e proprio evento di grazia nella storia perché sottolineò la capacità della Chiesa di "*cogliere i segni dei tempi*", ponendosi in dialogo con la storia.

Lessico

Ecumenico
Parola derivante dal greco *oikouméne*, che letteralmente significa "terra abitata". Ecumenico, nel linguaggio della Chiesa, si dice di qualcosa che riguarda tutto il mondo; nel caso di un concilio, significa che si tratta di un evento che riguarda la Chiesa nella sua totalità mondiale.

L'apertura al mondo

apertura e ascolto

Alla fine del Concilio Vaticano II, la Chiesa risultava veramente **trasformata**. Rispetto al precedente atteggiamento di chiusura e di ripiegamento su consuetudini e modi di pensare del passato, era evidente il passaggio a un **desiderio di apertura e di ascolto** verso realtà che esprimevano opinioni e stili diversi. La Chiesa, insomma, si disponeva ad accogliere e a valorizzare gli **elementi di progresso** presenti nella cultura contemporanea, considerandoli non una minaccia ma un'occasione per rendere più efficace l'annuncio del Vangelo.

Il Concilio Vaticano II si riunì nella Basilica di San Pietro.

Il rinnovamento interno

ritorno alle origini del messaggio evangelico

Oltre a un nuovo modo di porsi nei confronti della realtà esterna, il Concilio Vaticano II portò anche a un grande rinnovamento interno della Chiesa, compiuto soprattutto attraverso un **ritorno alle origini del cristianesimo**. Grande importanza, per esempio, fu attribuita alla **Sacra Scrittura**, che tornò a essere posta al centro della vita della Chiesa e di ogni fedele. Anche la **liturgia** venne spogliata di tutto ciò che la rendeva incomprensibile ai credenti: le celebrazioni dei sacramenti furono riportate a una maggiore **semplicità ed essenzialità** e, soprattutto, la lingua latina (che ormai pochi conoscevano) fu sostituita con quella in uso nei diversi Paesi.
Sacerdoti e vescovi furono invitati a riscoprire e a vivere in prima persona la **povertà evangelica**, ponendosi in uno stile di **servizio** e di **accoglienza** verso tutti.

L'influsso del Concilio Vaticano II produsse alcune innovazioni anche nella celebrazione della Messa. Venne **abbandonato il latino in favore delle lingue locali**, lingua comprensibile a più persone. Cambiò anche la **posizione dell'altare** che dalla parete di fronte al tabernacolo venne spostato al centro del presbiterio, diventando una vera e propria mensa intorno alla quale i sacerdoti si dispongono rivolti verso l'assemblea dei fedeli.

Le novità più importanti del Concilio Vaticano II

i documenti conciliari

Le conclusioni dei lavori conciliari sono state raccolte in diversi tipi di documenti: le costituzioni, le dichiarazioni e i decreti. Particolarmente importanti sono le quattro costituzioni:

- la **rinnovata identità della Chiesa come popolo di Dio in cammino** è stato sottolineato soprattutto nella ***Lumen gentium***;
- il **rinnovamento nei rapporti con il mondo contemporaneo**, accompagnato dall'apertura di un **coraggioso dibattito intorno alle tematiche emergenti** nel contesto culturale moderno, è stato espresso nella ***Gaudium et spes***;
- il **rinnovamento introdotto nella liturgia**, con l'**abbandono del latino nelle celebrazioni, in favore delle lingue nazionali**, è stato stabilito nella ***Sacrosantum concilium***;
- il **rilancio della conoscenza e del valore della lettura della Parola di Dio**, sia a livello personale, sia nel contesto comunitario, è stato promosso attraverso la ***Dei verbum***.

GUIDA allo studio

Quali trasformazioni determinò il Concilio Vaticano II nella Chiesa? **Con le due risposte corrette completa il primo tassello della mappa a p. 168.**

- ☐ Liturgia in lingua latina
- ☐ Apertura all'ascolto e al confronto con il mondo
- ☐ Annuncio del Vangelo
- ☐ Entusiasmo
- ☐ Osservazione dei mutamenti
- ☐ Rinnovamento interno

approfondiamo

LE TAPPE DEL CONCILIO

Lo stile del Concilio: dialogo e confronto

Giovanni XXIII annunciò la convocazione del concilio nel 1959, ma furono necessari **tre anni di preparazione** prima che i lavori potessero effettivamente iniziare, l'**11 ottobre 1962**. Al concilio parteciparono circa 2500 tra vescovi, cardinali e teologi provenienti da tutto il mondo, testimoni di culture diverse e differenti modi di vivere l'appartenenza all'unica Chiesa cattolica. Vennero invitati anche circa un centinaio di "osservatori" fedeli di alle altre Chiese cristiane (protestanti, anglicani e ortodossi) o addirittura di altre religioni. La presenza di queste persone era stata fortemente voluta dal Papa, come segno concreto dello **stile di dialogo** e di confronto che la Chiesa intendeva mantenere non solo al proprio **interno**, ma anche all'**esterno**, soprattutto con i "fratelli separati" delle altre Chiese cristiane.

Papa Paolo VI.

Da Giovanni XXIII a Paolo VI

I lavori del Concilio Vaticano II si conclusero l'**8 dicembre 1965** e la cerimonia di chiusura fu presieduta non da Giovanni XXIII, morto nel 1963, ma dal suo successore **Paolo VI** (1963-1978). In realtà, se Giovanni XXIII aveva avuto l'intuizione e il coraggio di convocare il concilio, fu Paolo VI che lo portò a compimento e ne curò l'**attuazione** negli anni immediatamente successivi la sua chiusura. Furono anni durante i quali l'ondata di **rinnovamento** avviata dai Padri conciliari si propagò in tutto il mondo, suscitando ovunque **entusiasmo** e inaugurando una nuova stagione nella vita della Chiesa che venne definita una "*primavera dello Spirito*".

discutiamo

IL CONCILIO SECONDO ME

Il Concilio Vaticano II ha affrontato molte questioni aperte della società e della cultura contemporanea.

- Riflettendo sulle decisioni del Concilio, provate a fare una graduatoria di quelle che ritenete più significative.
- Spiegate le ragioni delle vostre scelte.
- Se ci fosse un Concilio Vaticano III, quali temi, secondo voi, dovrebbe trattare? Sarebbero diversi?

- ....
- ....
- ....

indaghiamo

I COLORI DEL CONCILIO

Al Concilio Vaticano II parteciparono vescovi provenienti da tutto il mondo, ciascuno testimone di tradizioni e sensibilità diverse, ma tutti accomunati dall'unica appartenenza alla Chiesa cattolica.

- Osservate questa immagine. Guardando il gruppo di vescovi che vi è ritratto, individuate le differenze (provenienza, età) e, con l'aiuto dell'insegnante, scoprite il significato dei simboli che li accomunano. Per esempio, il copricapo bianco come si chiama? qual è il significato della croce che portano sul petto (non visibile in tutti)? e del manto (piviale) che indossano?

LEZIONE 2

AUDIOLETTURA

LA CHIESA IN DIALOGO CON LA SOCIETÀ CONTEMPORANEA

Come è possibile rispettare le gioie e le speranze di tutti?

Una parola rivolta a tutti

la Chiesa vuole dialogare con tutti

Il documento conciliare *Gaudium et spes*, riguardante i rapporti della Chiesa con il mondo contemporaneo, dichiara la volontà di entrare in **dialogo con tutti gli uomini e tutte le culture**:

> Le gioie e le speranze, le tristezze e le angosce degli uomini d'oggi, dei poveri soprattutto e di tutti coloro che soffrono, sono pure le gioie e le speranze, le tristezze e le angosce dei discepoli di Cristo, e nulla vi è di genuinamente umano che non trovi eco nel loro cuore. [...]
> Per questo il Concilio Vaticano II, avendo penetrato più a fondo il mistero della Chiesa, non esita ora a rivolgere la sua parola non più ai soli figli della Chiesa e a tutti coloro che invocano il nome di Cristo, ma a tutti gli uomini. A tutti vuol esporre come esso intende la presenza e l'azione della Chiesa nel mondo contemporaneo. Il mondo che esso ha presente è perciò quello degli uomini, ossia l'intera famiglia umana nel contesto di tutte quelle realtà entro le quali essa vive; il mondo che è teatro della storia del genere umano, e reca i segni degli sforzi dell'uomo, delle sue sconfitte e delle sue vittorie; il mondo che i cristiani credono creato e conservato in esistenza dall'amore del Creatore.
>
> *Gaudium et spes*, nn. 1-2

Queste parole testimoniano un grande **cambiamento** rispetto al passato, perché mostrano una **Chiesa aperta all'ascolto e al confronto**. Una Chiesa che, consapevole di avere perso talvolta la capacità di entrare in dialogo con le diverse culture, vuole **tornare a parlare la lingua di tutti**.

In dialogo con le culture

Porsi in un atteggiamento di **dialogo** con le diverse culture non è facile e, nei secoli passati, la Chiesa non sempre è riuscita a essere rispettosa delle consuetudini e delle tradizioni che ha incontrato, soprattutto nei continenti extraeuropei.

Un esempio famoso del conflitto tra scienza e fede, è la vicenda di **Galileo Galilei** (1565-1642) processato perché sosteneva il sistema eliocentrico (la Terra e i pianeti girano intorno al Sole), ipotesi ritenuta contraria alle Sacre Scritture. Oggi la Chiesa riconosce che scienza e fede hanno due ambiti di indagine diversi e che la loro collaborazione non è solo possibile ma necessaria. Rispetto a Galileo la Chiesa ha riconosciuto di aver commesso un errore.

Da tempo, però, si è diffusa la convinzione che il messaggio del Vangelo non ha bisogno di imporsi attraverso un certo modello culturale (quello occidentale), ma può essere accolto in ogni parte del mondo attraverso un sereno e rispettoso processo di **inculturazione**. Questo significa che il cristianesimo, nel momento in cui si propone, deve **misurarsi con le radici storiche e culturali dei popoli che incontra**, senza stravolgerne l'identità. Deve, insomma, entrare con delicatezza nelle culture alle quali si rivolge, trasmettendo l'annuncio del Vangelo nel **rispetto** del modo di vivere e dell'identità culturale, religiosa e sociale delle diverse popolazioni.

Il Papa con alcuni giovanissimi partecipanti al Convegno Missionario Nazionale, a Roma il 22 novembre 2014, in linea con lo spirito del Concilio Vaticano II ha detto: *"Una Chiesa missionaria non può che essere 'in uscita', che non ha paura di incontrare, di scoprire le novità, di parlare della gioia del Vangelo. A tutti, senza distinzioni"*.

La fedeltà al messaggio evangelico

mantenendosi fedeli al Vangelo

Nella nuova opera di annuncio del Vangelo improntata al dialogo interculturale, occorre anche che vengano **salvaguardati i contenuti della fede cristiana**, affinché l'incontro con culture diverse non rischi di snaturarne il messaggio.
Entrare in dialogo con le diverse culture, perciò, non vuol dire adattarsi o appiattirsi su di esse, con il pericolo di indebolire la forza dell'annuncio cristiano. Significa riuscire a esprimere quell'annuncio in modo da **renderlo comprensibile senza forzature** a persone che hanno modi di pensare e di esprimersi diversi da quello nel quale il cristianesimo è maturato per secoli.

Il dialogo con la scienza

collaborazione con la scienza

Risulta pure evidente l'intenzione, da parte della Chiesa, di avviare e proseguire un confronto aperto anche con il mondo della **ricerca scientifica**, per far sì che vengano definitivamente **superati i pregiudizi reciproci** e diventi possibile un rapporto vero di **collaborazione**.
Se in passato i rapporti tra scienza e fede non sono sempre stati facili, dopo il concilio Vaticano II si sono aperte **nuove prospettive di dialogo**. La scienza ha il diritto di progredire nel campo della ricerca; la fede ha uguale diritto di indicare quali confini è utile rispettare affinché l'obiettivo finale della ricerca scientifica sia il **bene dell'umanità**.

GUIDA allo studio

In quale modo la Chiesa si propone di entrare in dialogo con culture diverse? Con la risposta corretta completa il terzo tassello della mappa a p. 168.

- Uniformandosi alle diverse culture
- Imponendosi per il bene dell'umanità
- Rispettando le diverse identità e salvaguardando la propria
- Rispettando le diverse identità anche rinunciando alla propria

interpretiamo un testo

GIOIE E SPERANZE

Rileggi il testo della *Gaudium et spes* citato a p. 148 e riporta qui si seguito, secondo lo schema proposto, le frasi che testimoniano lo stile di apertura e di dialogo incoraggiato dal Concilio Vaticano II.

- Apertura e dialogo con tutti gli uomini: ....

....

....

- Apertura a tutte le realtà presenti nel mondo contemporaneo: ....

....

....

- Apertura a tutti i popoli e alla loro storia: ....

....

....

discutiamo

SCIENZA E FEDE A SERVIZIO DELL'UOMO

Nel 1983, rivolgendosi a un gruppo di scienziati riunitisi a Roma in occasione del 350° anniversario della pubblicazione del *Dialogo sui due massimi sistemi del mondo* di Galileo Galilei, Giovanni Paolo II disse:

> Impegnatevi a difendere l'uomo e la sua dignità presso i centri decisionali che determinano le politiche scientifiche e le pianificazioni sociali. Troverete sempre un'alleata nella Chiesa, ogni volta che vi adopererete nella promozione dell'uomo e del suo vero sviluppo.
> È così dall'interno, sicuramente, che la Chiesa si interessa ai vostri lavori. Perché niente di ciò che può approfondire la nostra conoscenza dell'uomo, della natura, dell'universo, ci può lasciare indifferenti. Ogni progresso scientifico, perseguito con rettitudine, onora l'umanità ed è un tributo al Creatore di tutte le cose. Le vostre ricerche costituiscono la continuazione dell'ammirabile rivelazione che Dio ci ha offerto nella sua opera creatrice. La Chiesa non si volge innanzitutto verso le vostre scoperte per fondarvi facili argomenti per confortare i credenti. Essa cerca piuttosto, grazie a voi, di ampliare l'orizzonte della sua contemplazione e della sua ammirazione per la trasparenza del Dio infinitamente potente che risplende nella sua creazione.
>
> Giovanni Paolo II, *Discorso in occasione del 350° anniversario della pubblicazione dell'opera di Galileo "Dialogo sui due massimi sistemi del mondo"*, Roma, 9 maggio 1983, nn. 7-8

- Sottolinea in rosso nel testo le parti nel quale il Papa ribadisce il valore della scienza anche rispetto alla fede.
- Sottolinea in blu le richieste che il Pontefice rivolge agli scienziati.
- Secondo te, la scienza da sola può rispondere a tutte le domande che l'uomo si pone? Discutine in classe con i tuoi compagni

parole per vivere insieme

DIALOGARE PER CONOSCERSI E RICONOSCERSI

Accettare il dialogo significa non soltanto dimostrare di aver capito le posizioni dell'altro, ma anche essere **disposti a mettere in discussione** le proprie. Solo così, infatti, il dialogo può diventare un confronto reale, nel quale si mette in atto un processo di conoscenza dell'altro basato sul **riconoscimento reciproco**.

- Scrivi un elenco di sinonimi e di contrari oppure due brevi descrizioni delle condizioni che rendono possibile o impossibile il dialogo.

- Ora confrontate e discutete quello che ciascuno di voi ha scritto.

ITALIANO	ROMENO	SPAGNOLO	ARABO	CINESE
Dialogo	Dialog	Diálogo	الحوار	对话

LEZIONE 3

AUDIOLETTURA

LA CHIESA IN DIALOGO CON LE ALTRE RELIGIONI

Siamo tutti speciali, nessuno più di un altro!!!

L'apertura ecumenica

il dialogo con le Chiese cristiane

Il Concilio Vaticano II ha dato grande impulso al dialogo intrapreso dalla Chiesa cattolica con le **altre confessioni cristiane**.

Per secoli i cattolici hanno mantenuto un atteggiamento di difesa e di rifiuto nei confronti di protestanti, ortodossi e anglicani, i quali a loro volta hanno ricambiato con un'analoga chiusura. Negli ultimi decenni, le diverse Chiese hanno cercato punti di incontro per **ricostruire l'unità perduta**, avviandosi sul sentiero dell'**ecumenismo**.

Il documento conciliare *Unitatis redintegratio* (*Il ristabilimento dell'unità*) dice in modo chiaro che cosa si intende per ecumenismo e qual è lo spirito che deve sostenerlo:

> Per "movimento ecumenico" si intendono le attività e le iniziative suscitate e ordinate a promuovere l'unità dei cristiani, secondo le varie necessità della Chiesa e secondo le circostanze. Così, in primo luogo, ogni sforzo per eliminare parole, giudizi e opere che non rispecchiano con giustizia e verità la condizione dei fratelli separati e perciò rendono più difficili le mutue relazioni con essi. [...] Per questa via a poco a poco, [...] tutti i cristiani [...] si troveranno riuniti in quella unità dell'unica Chiesa che Cristo fin dall'inizio donò alla sua Chiesa.
>
> *Unitatis redintegratio*, n. 4

Compiere il primo passo

uno sforzo di riconciliazione

Ai cattolici viene chiesto non solo uno sforzo per eliminare i motivi di separazione e di ostilità reciproca, ma anche l'**umiltà di compiere il primo passo** per favorire l'incontro. In questa direzione, una testi-

Papa Francesco, nella Basilica di San Paolo fuori le mura, affiancato da un patriarca ortodosso e un vescovo anglicano, sabato 25 gennaio 2014, in occasione della preghiera che conclude la Settimana di Preghiera per l'Unità dei Cristiani.

Lessico

Ecumenismo
Parola derivante dal greco *oikouméne* (come "ecumenico", vedi p. 144). L'ecumenismo riguarda lo sforzo di ricondurre all'unità i cristiani attraverso il dialogo con tutte le Chiese.

monianza importantissima è stata offerta da **Paolo VI e Giovanni Paolo II**, che si sono adoperati in ogni modo per incontrare di persona i maggiori rappresentanti delle altre confessioni cristiane, avviando un confronto aperto e sincero.

Il DIM (Dialogo Interreligioso Monastico) è un'organizzazione internazionale che raccoglie commissioni di monaci e monache cristiani per promuovere il dialogo tra monaci di differenti religioni. L'immagine si riferisce all'incontro del DIM tenutosi dal 22 al 24 ottobre all'Eremo di Fonte Avellana, nelle Marche, al quale hanno partecipato monaci e monache cristiani, induisti, buddhisti, taoisti, imam (islam).

Questa azione è proseguita con **Benedetto XVI** – il quale più volte ha sottolineato come le divisioni all'interno della Chiesa siano un'offesa nei confronti di Cristo – ed è stata promossa con vigore anche da **papa Francesco**. Sin dall'inizio del suo pontificato, il Papa ha mostrato un atteggiamento di grande umiltà e disponibilità nella ricerca del dialogo e della riconciliazione con le altre Chiese cristiane, anche **interpretando il proprio ministero con maggiore semplicità e sobrietà** e qualificandosi anzitutto come "**vescovo di Roma**", interpretando il suo primato come primato "nel servizio" e "nella carità".

Religioni unite per la pace

dialogo con le religioni non cristiane

Un altro merito del Concilio Vaticano II è quello di avere rilanciato con forza il **dialogo con le religioni non cristiane**.

Tutte le religioni sono considerate come una **ricchezza** e insieme sono chiamate a **cooperare per il bene dell'umanità**. In questo senso sono da intendere anche gli **incontri interreligiosi di preghiera in favore della pace** voluti da Giovanni Paolo II e proseguiti con Benedetto XVI.

Particolare importanza, poi, hanno assunto tutte le iniziative promosse dai Pontefici per riavvicinare le **tre grandi religioni monoteiste** (cristianesimo, islam ed ebraismo), dalla visita di Giovanni Paolo II alla sinagoga di Roma nel 1981 (nella quale il pontefice si rivolse agli ebrei chiamandoli "*fratelli maggiori*") alla preghiera di Benedetto XVI nella **Moschea Blu di Istanbul** nel 2010 e alla **preghiera per la pace voluta da papa Francesco** con il leader palestinese Abu Mazen, quello israeliano Shimon Peres, insieme con il patriarca di Costantinopoli Bartolomeo l'8 giugno 2014.

GUIDA allo studio

Che cosa promuove il dialogo tra le religioni?
Riporta la risposta corretta nel quinto tassello della mappa a p. 168.

- L'indifferenza nella scelta religiosa
- La sintesi di tutte le religioni
- Il rispetto e la collaborazione per il bene dell'umanità
- La superiorità dei tre monoteismi

interpretiamo un testo

CI VUOLE CORAGGIO PER FARE PACE

L'8 giugno 2014, durante l'incontro di preghiera per la pace con il leader palestinese Abu Mazen, quello israeliano Shimon Peres (rappresentanti di due Paesi in continua tensione e spesso in conflitto, anche armato, fra loro) e il patriarca di Costantinopoli Bartolomeo, papa Francesco ha detto tra l'altro:

Papa Francesco con Abu Mazen e Shimon Peres.

> Il mondo è un'eredità che abbiamo ricevuto dai nostri antenati, ma è anche un prestito dei nostri figli: figli che sono stanchi e sfiniti dai conflitti e desiderosi di raggiungere l'alba della pace; figli che ci chiedono di abbattere i muri dell'inimicizia e di percorrere la strada del dialogo e della pace perché l'amore e l'amicizia trionfino.
> Molti, troppi di questi figli sono caduti vittime innocenti della guerra e della violenza, piante strappate nel pieno rigoglio. È nostro dovere far sì che il loro sacrificio non sia vano. La loro memoria infonda in noi il coraggio della pace, la forza di perseverare nel dialogo ad ogni costo, la pazienza di tessere giorno per giorno la trama sempre più robusta di una convivenza rispettosa e pacifica, per la gloria di Dio e il bene di tutti.
> Per fare la pace ci vuole coraggio, molto di più che per fare la guerra. Ci vuole coraggio per dire sì all'incontro e no allo scontro; sì al dialogo e no alla violenza; sì al negoziato e no alle ostilità; sì al rispetto dei patti e no alle provocazioni; sì alla sincerità e no alla doppiezza. Per tutto questo ci vuole coraggio, grande forza d'animo.

- Sottolinea quattro frasi che maggiormente ti hanno colpito del discorso pronunciato dal Papa.
- Dopo che ciascuno avrà sottolineato le frasi, sarà possibile leggerle ad alta voce, dicendo a tutti perché sono state scelte proprio quelle espressioni.

indaghiamo

MONOTEISMI PER LA PACE

Nei testi sacri dei tre monoteismi (Antico e Nuovo Testamento e Corano) la parola "pace" ricorre moltissime volte.

- Con l'aiuto dell'insegnante, fai una ricerca e individua almeno un'espressione in ciascun testo riferita alla pace e scrivila di seguito.

  Antico Testamento: ....

  ....

  Nuovo Testamento: ....

  ....

  Corano: ....

  ....

- Preparate poi, tutti insieme, un cartellone nel quale scriverete le citazioni che ritenete più significative. Appendetelo in classe: servirà a ricordare che né ebrei, né cristiani, né musulmani possono ignorare che per la loro religione la pace è un valore comune che deve unire e che deve essere salvaguardata come un bene prezioso.

Un contributo alla costruzione del dialogo tra le diverse religioni viene anche dall'architettura. A Berlino, infatti, verrà costruito un edificio che riunirà in un solo luogo una sinagoga, una chiesa cristiana, una moschea e che si chiamerà **House of One**. Nell'immagine si vede il modellino del progetto che prevede tre spazi uguali come metratura, ma ovviamente diversi nella forma, per rispettare le tradizioni di preghiera di ciascuna religione. Al centro dell'edificio ci sarà uno spazio comune, per l'incontro tra religioni e persone.

SEZIONE 10

ESPERIENZE A CONFRONTO

L'ecumenismo difficile

Dialogare non sempre è facile. Non sempre lo è tra persone, figurarsi fra religioni differenti! Il dialogo vero suppone ascolto, apertura reciproca, disponibilità a capirsi e a venirsi incontro, facendo magari qualche sforzo... Anche nelle nostre limitate esperienze quotidiane ci accorgiamo che l'incontro con chi è "diverso" o la pensa in maniera diversa da noi a volte ci crea delle difficoltà. Durante molti secoli è stato così anche per la Chiesa, che solo da pochi decenni ha avviato un vero cammino orientato all'ecumenismo e al dialogo con le religioni non cristiane. E non serve nascondersi che a volte si incontrano ancora delle resistenze in questo senso. Per questo motivo è ancora più importante individuare e rimuovere tutti gli ostacoli che impediscono il riavvicinamento almeno tra le diverse confessioni cristiane.

L'unità ritrovata a Taizé

Roger Schutz è stato per oltre 60 anni un richiamo vivente all'ecumenismo e alla possibilità della sua realizzazione. Noto semplicemente come **frère Roger**, nacque in Svizzera nel 1915; dopo avere compiuto studi di teologia, nel 1940 fondò a Taizé, in Borgogna, una piccola comunità ecumenica nella quale convivono monaci appartenenti alle diverse confessioni cristiane. Il livello spirituale e culturale dei monaci di Taizé fece della comunità un centro ecumenico noto ovunque, capace di attrarre ogni anno migliaia di persone, soprattutto giovani.
In un libro intitolato *Avverti una felicità?*, iniziato prima di morire, nel 2005, frère Roger racconta la grandiosità e al tempo stesso la semplicità del suo progetto ecumenico, che affonda le radici nella sua esperienza di ragazzo.

> Posso qui ripetere che mia nonna materna ha scoperto intuitivamente una chiave della vocazione ecumenica e che mi ha aperto una possibilità per concretizzarla? Dopo la prima guerra mondiale, in lei abitava il desiderio che nessuno dovesse vivere ciò che ella aveva vissuto: dei cristiani si erano combattuti armati in Europa, che almeno loro si riconciliassero, pensava lei, per tentare di impedire una nuova guerra. Lei proveniva da un antico ceppo evangelico ma, compiendo in se stessa una riconciliazione, iniziò ad andare alla chiesa cattolica, senza tuttavia manifestare alcuna rottura con i suoi. Colpito dalla testimonianza della sua vita e ancora in giovane età, ho trovato al suo seguito la mia vera identità di cristiano, riconciliando in me stesso la fede delle mie origini con il mistero della fede cattolica, senza rompere la comunione con nessuno.

QUALE INSEGNAMENTO RICAVO?

- Unità e divisione: come vivi queste dimensioni nella vita di ogni giorno?
- Ci sono situazioni nelle quali ti accorgi di avere la possibilità di favorire l'unità e il dialogo (in famiglia, in classe, nel gruppo di amici ecc.)?
- Ti capita mai di sentire parlare di ecumenismo?
- Una comunità come quella di Taizé può suscitare in te qualche interesse? Perché?

LEZIONE 4

AUDIOLETTURA

2000 ANNI DI CRISTIANESIMO

Partecipare significa essere un ingrediente o una fetta della torta?

"Essere Chiesa"

la Chiesa siamo noi

Duemila anni di Cristianesimo hanno portato, soprattutto negli ultimi decenni, a una sempre maggiore consapevolezza di quello che vuol dire essere Chiesa. Non semplicemente "far parte della Chiesa", come spesso si dice, ma proprio "**essere Chiesa**". Perché è cresciuta e continua a crescere la consapevolezza del fatto che **ciascun credente è Chiesa**.

Per molto tempo, parlando della Chiesa la si è identificata con la sua struttura gerarchica, o con il **clero** in generale, quindi con religiosi, sacerdoti e vescovi. La grande maggioranza dei fedeli sembrava essere unicamente destinataria della predicazione e dei sacramenti e, magari, tenuta a obbedire a precetti imposti dall'alto.

Non vi è nulla di più sbagliato! Tutti **coloro che sono battezzati sono** non semplicemente una "parte", ma **una componente unica e insostituibile** della Chiesa. All'interno di essa, poi, vi sono persone che svolgono funzioni diverse, a seconda delle proprie caratteristiche e delle scelte personali, come dice anche san Paolo nella Lettera ai Romani, paragonando la Chiesa a un corpo il cui capo è Cristo:

> Come in un solo corpo abbiamo molte membra e queste membra non hanno tutte la medesima funzione, così anche noi, pur essendo molti, siamo un solo corpo in Cristo e, ciascuno per la sua parte, siamo membra gli uni degli altri. Abbiamo doni diversi secondo la grazia data a ciascuno di noi.
>
> Rm 2, 4-6

Lessico

Clero
Dal latino cristiano *clerus*, "parte eletta di una comunità". Termine usato per indicare tutti coloro che appartengono alla gerarchia ecclesiastica, vescovi, sacerdoti e religiosi.

Sono molti i **laici** che ogni giorno offrono il loro aiuto alla mensa della Caritas diocesana "Giovanni Paolo II" a Roma. Oltre 122 mila pasti l'anno, per oltre 4.500 persone.

La riscoperta del ruolo dei laici

laici protagonisti nella vita della Chiesa

Durante il Concilio Vaticano II è stata condotta una grande riflessione riguardo alla Chiesa, alla sua identità e alle sue funzioni, che ha portato a **riscoprire e a valorizzare il ruolo che all'interno di essa devono ricoprire i laici**. Dunque, rispetto a un certo modo di vedere che tendeva a sottovalutare l'importanza di chi non faceva parte del clero, la prospettiva è del tutto cambiata.

Nel documento sull'identità della Chiesa *Lumen Gentium* (*Luce delle genti*), più volte viene ribadito il valore dei laici:

> I sacri pastori sanno benissimo quanto i laici contribuiscano al bene di tutta la Chiesa. [...] I laici, radunati nel popolo di Dio e costituiti nell'unico corpo di Cristo [...], sono chiamati chiunque essi siano, a contribuire come membra vive, con tutte le forze [...] all'incremento della Chiesa e alla sua santificazione permanente.
>
> *Lumen Gentium*, nn. 30-33

Da questa nuova visione è derivato un **maggiore coinvolgimento dei laici** nella vita della Chiesa: nella catechesi, nell'impegno missionario di evangelizzazione, nella gestione di aspetti pratici della vita delle comunità, dove si è fatta più stretta e significativa la collaborazione con i sacerdoti.

Papa Giovanni Paolo II in Piazza San Pietro, la Domenica delle Palme del 15 aprile 1984. Ai giovani radunatisi per la chiusura dell'Anno Santo, il Papa affidò una croce di legno, chiedendo loro di portarla nel mondo. I giovani accolsero l'invito e la croce fu portata in diversi Paesi, occasione per testimoniare l'appartenenza alla Chiesa per molti giovani. Nel dicembre 1985, papa Giovanni Paolo II annunciò che a partire dalla successiva Domenica delle Palme si sarebbe tenuta ogni anno una **Giornata Mondiale della Gioventù**.

Lessico

Laici
Dal greco *laikós* che significa "del popolo": i laici sono tutti coloro che non fanno parte del clero.

La Chiesa, popolo di Dio in cammino

in cammino verso la salvezza

L'immagine della Chiesa emersa dal Concilio Vaticano II è dunque quella di un **popolo in cammino verso la salvezza**. È il popolo che Dio ha scelto, insieme al popolo ebraico, per essere segno e testimone del suo amore per tutta l'umanità:

> Il popolo messianico [la Chiesa], pur non comprendendo di fatto tutti gli uomini, e apparendo talora come piccolo gregge, costituisce per tutta l'umanità un germe validissimo di unità, di speranza e di salvezza.
>
> *Lumen gentium*, n. 9

In continuità con il popolo di Israele, la Chiesa è quindi il nuovo popolo di Dio, che **prosegue il suo cammino nel mondo e nella storia** indicando a tutti la meta da raggiungere: l'**incontro gioioso con Dio**. È l'incontro già realizzato da Gesù con la sua morte e la sua risurrezione e che attende tutti coloro che credono in lui.

GUIDA allo studio

Spiega la differenza tra "far parte della Chiesa" e "essere Chiesa".

rifletto e condivido la mia esperienza

IO NELLA CHIESA

La Chiesa è costituita non solo dai vescovi, dai sacerdoti, dai religiosi: **sono Chiesa anche i laici**. Gesù ha chiamato ciascun uomo a farne parte, perciò anche i laici devono prendersi la loro parte di responsabilità e rendersi costruttori attivi della Chiesa.

> Invece di «noi e la Chiesa» si potrebbe anche dire: «noi, la Chiesa»: perché noi – in quanto battezzati – siamo la Chiesa, così come le membra sono il corpo. [...]
> Se si vede come albero, che affonda le radici nel suolo dei profeti e degli apostoli, ciascuno di noi ne è ramo.
> Se si vede come edificio, di cui masso d'angolo è Cristo, ciascuno di noi ne è pietra.
> Se si vede come gregge, ciascuno di noi è un capo di esso.
> E ciascuno è necessario. Gesù l'ha costituita per tutti e per ciascuno. Più anime ci sono dentro, e più grande è la festa, più ricca la sua santità, più generosa la sua vita. Essa è fatta perché vi entrino tutti.
>
> da Igino Giordani, *Il laico Chiesa*, Città Nuova Editrice

- E tu come vedi la Chiesa? Soprattutto, come ti vedi in quanto elemento che ne è parte viva? Prendendo spunto dal testo letto sopra, fai un disegno che per te rappresenti la Chiesa (può essere un edificio, un albero, un fiume...) e posiziona te stesso secondo come ti senti pensando di farne parte (puoi essere un pezzo delle radici dell'albero, un mattone posto alla sommità di una costruzione...).

- Quando ciascuno ha terminato il proprio disegno, è possibile mostrare a tutta la classe i disegni e condividere i commenti. Si può poi concordare insieme un'unica illustrazione da disegnare su un cartellone, intitolato "Noi siamo Chiesa", nel quale ciascuno colora il proprio posto.

riflетто e condivido le mie idee

LA MIA CHIESA

Ogni credente è chiamato a essere **protagonista nella vita della Chiesa**. Inutile nascondersi dietro scuse del tipo "fanno tutto i preti", "decide tutto il Papa", "questa Chiesa, così com'è (così ricca, così vecchia, così...) non mi va bene, me ne vado". Come in tutte le realtà umane (famiglia, scuola, vita politica ecc.), per progredire anche la Chiesa ha bisogno del contributo di tutti coloro che ne fanno parte. E la Chiesa, anche se ha come capo Gesù ed è guidata dallo Spirito Santo, è pur sempre anche una realtà fatta di persone in carne e ossa: noi. Perciò, ciascuno deve sentirsi **responsabile della sua costruzione, giorno per giorno**.
Certo, occorrerà anche ammettere che non tutto va bene nella Chiesa e che talvolta bisogna essere capaci di perdonarle qualcosa. Dobbiamo però riconoscere che è tanto quello che essa ci dona, attraverso i sacramenti e in tutto quello che di buono è possibile trovare nelle comunità in cui ciascuno vive, in termini di affetto, di condivisione e, quando serve, di aiuto.

- Che cosa ti piace della Chiesa, per come tu la conosci, e che cosa invece non capisci e non condividi? Scrivi nelle caselle rosse le tue critiche e in quelle verdi i tuoi apprezzamenti.
- Confrontati con i tuoi compagni: vi sono punti in comune? Oppure vi sono grani differenze? Potete confrontarvi sui diversi punti di vista, cercando di trovare un accordo o anche provando a valorizzare gli aspetti positivi che avete messo in luce e vedere in che modo possono compensare quelli negativi.

LEZIONE 5

AUDIOLETTURA

LA CHIESA DI PAPA FRANCESCO

Non possiamo essere discepoli tiepidi.
La Chiesa ha bisogno del nostro coraggio per dare testimonianza alla verità.

La rinuncia di Benedetto XVI

Benedetto XVI rinuncia al pontificato

La mattina dell'**11 febbraio 2013**, durante un'importante riunione dei cardinali (chiamata "**concistoro**"), il papa **Benedetto XVI** ha annunciato a sorpresa la sua decisione di **rinunciare al "ministero di vescovo di Roma, successore di Pietro"**. Un gesto che in teoria è sempre stato possibile e previsto dalle leggi della Chiesa, ma che nessun Pontefice, in epoca moderna, aveva mai compiuto, perché la Tradizione prevede che il Papa svolga il suo servizio fino alla morte. La scelta di Benedetto XVI, quindi, anche se legittima, era del tutto **inattesa** e ha comportato, di fatto, un elemento di importante **novità** nella vita della Chiesa.
La sua rinuncia, dettata da motivi legati all'**età** (85 anni) e alla **salute** che si andava facendo sempre più fragile, ha portato, il **13 marzo 2013**, all'elezione di un nuovo Papa, l'arcivescovo di Buenos Aires Jorge Mario Bergolio, che ha preso il nome di **Francesco**.

Semplicità e dialogo con tutti

la semplicità di papa Francesco

Le caratteristiche di papa Francesco che fin da subito hanno colpito sono state la **semplicità** nel suo modo di porsi e la sua volontà di **dialogare** con tutti. Anche i suoi predecessori avevano usato uno stile analogo, ma si può dire che papa Francesco l'abbia ancor più accentuato, facendolo diventare il **tratto distintivo** non solo della propria persona e del proprio modo di agire, ma di **tutta la Chiesa**.

Il Papa emerito Benedetto XVI con papa Francesco.

"Fratelli e sorelle buonasera", le prime, semplici, parole pronunciate da papa Francesco quando si è affacciato per la prima volta dalla Loggia delle Benedizioni, dopo l'elezione, per ricevere il saluto della folla.

La Chiesa di papa Francesco è una Chiesa chiamata a essere semplice fin dai suoi aspetti più esteriori, che spesso non sono i più importanti ma contribuiscono a dare una "prima impressione" che può avvicinare o allontanare. Dunque, la **semplicità** e l'**essenzialità** devono servire ad **avvicinare tutti al messaggio del Vangelo**, che è a sua volta semplice e accessibile a tutti.
Nello stesso tempo, il Papa è convinto che sia sempre più necessario saper **dialogare** con tutti, sia all'interno sia all'esterno della Chiesa: saper **capire** e farsi capire, **accogliere** e farsi accogliere.

La scelta preferenziale per i poveri

una Chiesa povera e vicina ai poveri

Molto forte è anche l'aspirazione di papa Francesco a una "*Chiesa povera e vicina ai poveri*", come egli stesso ha ripetuto più volte. La stessa scelta del **nome**, ispirata a Francesco d'Assisi, equivale a un vero e proprio programma, nel senso della vicinanza ai poveri e a tutti coloro che vivono ai margini della società e anche della vita della Chiesa.

La continuità con il Concilio Vaticano II

il governo della Chiesa condiviso

Un altro aspetto importante della Chiesa di papa Francesco è quello della "**collegialità**", ossia di un **governo sempre più condiviso con i vescovi** che, nelle diocesi, vivono a contatto con le persone, conoscono le loro aspettative, i loro problemi e le loro speranze.
Tutti questi elementi pongono il pontificato di papa Francesco chiaramente in continuità con in Concilio Vaticano II: la sua straordinaria capacità di comunicare e di entrare in un rapporto di simpatia con tutti sta imprimendo uno slancio che ha esso stesso sapore di "**nuovo**" e di **vitale**.

interpretiamo un testo

TRE PASSI DI FRANCESCO PER ANDARE INCONTRO AL MONDO

In un articolo comparso sul quotidiano "Corriere della Sera" del 27 giugno 2014 il giornalista Marco Garzonio sottolinea tre "cose" davvero importanti per papa Francesco:

> La prima: per il Pontefice la sfera delle relazioni affettive è centrale: se davvero la Chiesa intende recuperare un dialogo con il mondo non in astratto deve calarsi in quello che le persone vivono.
> La seconda: altrettanto fondamentale per il Pontefice è ascoltare che cosa dice la gente, a cominciare dalle comunità cristiane sparse per il mondo, in particolare dalle "periferie" da cui lui stesso proviene [...], dai sacerdoti in prima linea con le domande pressanti dei costumi che cambiano, delle povertà che condizionano le scelte anche etiche, delle trasformazioni profonde nei riferimenti culturali e ideali.
> La terza: Francesco alla fine è uno che parla liberamente e decide, ma prima vuole documentarsi, conoscere, condividere con vescovi e cardinali, allargando il governo della Chiesa.

- Sottolinea con colori diversi nel testo dell'articolo gli aspetti dell'azione di papa Francesco di cui abbiamo parlato nelle due pagine precedenti: dialogo, povertà, collegialità.
- Sei in grado di spiegare perché sono importanti per la vita della Chiesa?

interpretiamo un'immagine

VICINO AI POVERI E AI SOFFERENTI

Osserva l'immagine e scrivi una didascalia di commento.

i tweet di papa Francesco

PERDONO

Il Signore sempre ci perdona e sempre ci accompagna. A noi spetta lasciarci perdonare e lasciarci accompagnare.

GRANDI IDEALI

Cari giovani, non cadete nella mediocrità; la vita cristiana è fatta per grandi ideali.

BAMBINI E ANZIANI

Una società che abbandona i bambini e gli anziani recide le sue radici e oscura il suo futuro.

OTTIMISMO

Non dobbiamo mai lasciarci intrappolare dal vortice del pessimismo. La fede sposta le montagne!

INDIGNARSI

Non possiamo abituarci alle situazioni di degrado e di miseria che ci circondano. Un cristiano deve reagire.

DIRE GRAZIE

Impariamo a dire "Grazie," a Dio, agli altri. Lo insegniamo ai bambini, ma poi lo dimentichiamo!

L'AMORE DI DIO

L'amore di Dio non è generico. Dio posa il suo sguardo d'amore su ogni uomo e ogni donna, con nome e cognome.

UN TESORO IMMENSO

Tutti noi siamo vasi d'argilla, fragili e poveri, ma nei quali c'è il tesoro immenso che portiamo.

GESÙ

Gesù non è solo un amico. È un maestro di verità e di vita, che rivela la via per giungere alla felicità.

GIOIA

Un cristiano non può mai essere annoiato o triste. Chi ama Cristo è una persona piena di gioia e che diffonde gioia.

Facciamo il punto

Completa il riassunto della sezione inserendo correttamente le parole elencate di seguito.

Francesco • rinnovarsi • rispetto • regimi totalitari • laici • dialogo • povertà • cristiani • interreligioso • conoscenza

1. Nella seconda metà del Novecento, profondi e rapidi mutamenti coinvolgono la società. Papa Giovanni XIII capisce che anche la Chiesa deve .... per rimanere al passo con il mondo che cambia e indice il Concilio Vaticano II. Il Concilio inizia l'11 ottobre del 1962 ed è chiuso da papa Paolo VI l'8 dicembre 1965. Al termine dei lavori la Chiesa è profondamente trasformata: aperta verso il mondo esterno con un atteggiamento di ...., mutata al suo interno per il ritorno alle origini del messaggio evangelico.

2. La missione evangelizzatrice della Chiesa deve avvenire attraverso la .... e nel .... delle culture diverse pur rimanendo fedeli ai principi del Vangelo. Un rapporto di confronto e di collaborazione viene avviato anche con la scienza.

3. Il Concilio Vaticano II promuove il dialogo ecumenico per ricostruire l'unità tra i .... e il dialogo .... con le religioni non cristiane.

4. Al suo interno viene promosso l'impegno dei ....: tutti coloro che hanno ricevuto il battesimo "sono la Chiesa".

5. La Chiesa continua il cammino di rinnovamento. Nel 2013 papa Benedetto XVI rinuncia al suo ministero (importante novità). Il pontificato di papa ...., che succede Benedetto, è caratterizzato dal richiamo alla .... e all'essenzialità del messaggio evangelico e dal dialogo.

All'inizio del terzo millennio cristiano, la Chiesa è sparsa in tutto il mondo. Osserva queste immagini che ritraggono momenti diversi di vita della Chiesa e individua a quali continenti si riferiscono.

....

....

....

SEZIONE 10

Costruiamo la nostra mappa

1 Con il Concilio Vaticano II la Chiesa affronta le sfide della contemporaneità e si aggiorna con l'............................ .... e il ....

2 **Apertura:** dialogo con tutte le culture e con la scienza

3 rispettando ....

4 **Confronto:** dialogo con tutte le religioni

5 per promuovere ....

6 **Rinnovamento interno:** maggiore coinvolgimento dei laici chiamati a collaborare con i sacerdoti

Verifichiamo le conoscenze

1 **Indica se le seguenti affermazioni sono vere V o false F.**

a. Il Concilio Vaticano II è stato convocato da papa Giovanni Paolo II V F

b. Il Concilio Vaticano II si è svolto a Gerusalemme V F

c. Il Concilio Vaticano II ebbe come scopo principale quello di "aggiornare" la Chiesa V F

d. I padri conciliari erano in disaccordo tra loro e non hanno potuto decidere nulla V F

e. Il Concilio si è interessato solo della Chiesa cattolica e non ha detto nulla sulle altre religioni V F

f. Dal Concilio Vaticano II sono stati emanati documenti aventi una funzione magisteriale per i credenti cattolici V F

g. Il Concilio nei suoi documenti valorizza e rilancia il ruolo dei laici nella Chiesa V F

2 **Inserisci correttamente nel testo le seguenti parole o espressioni.**

Chiesa • protestanti • Giovanni XXIII • Paolo VI • 1962-1965 • non cristiani • pastorale • Roma • apertura • aggiornamento • Concilio Vaticano II

Negli anni .... nella basilica di San Pietro a .... si è tenuto il .... Era stato convocato sotto il pontificato di papa .... ed è continuato sotto il pontificato di papa .... Il Concilio, oltre ad aver affrontato argomenti dottrinali e dogmatici, si è preoccupato dell'aspetto .... della Chiesa. Il Concilio ha dettato le linee di .... al dialogo sia con le Chiese .... e ortodosse sia con i .... Il merito più grande di questo Concilio è stato quello di aver introdotto un profondo .... in tutti i settori della vita della ....

3 **Perché il Concilio Vaticano II è un concilio ecumenico?**

- ☐ Perché vi parteciparono solo i vescovi
- ☐ Perché vi parteciparono tutti i vescovi del mondo
- ☐ Perché vi parteciparono anche persone non cristiane
- ☐ Perché durò a lungo

4 **Completa il testo inserendo le parole mancanti.**

concilio • concretamente • confessioni • dialogo • liturgico • rinnovamento • sacra • scienza • scrittura • vaticano

Il .... ha segnato un profondo .... della Chiesa. Promosse infatti: il .... con le altre religioni; la ricerca dell'unità con le altre .... cristiane; il confronto con la ....; lo studio della .... e la sua lettura da parte di tutti i cristiani; il rinnovamento .... esperienze di vita evangelica vissute ....

5 **Che cosa esprimono i documenti del Concilio Vaticano II rispetto alle altre Chiese cristiane?**

- ☐ L'indifferenza
- ☐ La fraternità ecumenica
- ☐ La sopportazione
- ☐ L'intolleranza

6 **Che cosa significa inculturare?**

- ☐ Non usare alcun modello culturale per evangelizzare
- ☐ Tradurre i valori cristiani secondo i modelli delle popolazioni indigene
- ☐ Indurre a fare cultura
- ☐ Usare il modello culturale europeo per evangelizzare

SEZIONE 10

COMPETENZE IN AZIONE

Fumetti tolleranti

Nel discorso tenuto il 23 novembre 2013 al Pontificio Consiglio per il dialogo interreligioso, papa Francesco ha detto: "La Chiesa cattolica è consapevole del valore che riveste la promozione dell'amicizia e del rispetto tra uomini e donne di diverse tradizioni religiose. Ne comprendiamo sempre più l'importanza, sia perché il mondo è, in qualche modo, diventato 'più piccolo', sia perché il fenomeno delle migrazioni aumenta i contatti tra persone e comunità di tradizione, cultura, e religione diversa. [...] Il futuro – ha concluso il Papa – sta nella convivenza rispettosa delle diversità".
Come è possibile diffondere i valori del rispetto e della tolleranza contribuendo a combattere i pregiudizi e le discriminazioni? Raccontare storie di tolleranza o intolleranza può aiutare a riflettere sui problemi, le speranze e le opportunità di una società "plurale". Proviamo a farlo utilizzando un linguaggio quasi "universale", quello dei fumetti.

- Dividetevi a gruppi e discutete tra voi: che cosa rende difficile la convivenza pacifica nelle nostre società, dove si incontrano/scontrano persone, religioni e abitudini culturali differenti? Conoscete, per avervi assistito o per averne sentito parlare, qualche episodio di intolleranza? O esempi di convivenza pacifica e storie di amicizia?
  Scegliete una delle storie che avete trovato (ma potete anche inventarne una, purché sia credibile) e trasformatela in un fumetto.
- Scrivete la storia in un testo breve scandito in dieci sequenze, che devono corrispondere ad altrettante vignette. Nessuno di voi può superare questo limite e nemmeno evitarlo: dovete usare dieci passaggi e dieci vignette.
- Procedete ora a dividervi i compiti sulla base delle vostre capacità:
  - gli sceneggiatori (quelli che scriveranno le battute dei personaggi: brevi!);
  - i disegnatori (chi è bravo a disegnare e traccerà i disegni della storia);
  - i titolisti (trovare un titolo a una storia è un compito non facile, perché deve colpire ed essere efficace);
  - i trovarobe (per procurare strumenti, materiali, libri, giornali per collage, tutto ciò che è utile per realizzare il fumetto secondo la tecnica che avete deciso).
- Al termine del lavoro presentate agli altri gruppi le vostre storie e raccoglietele in un libro che potrete presentare ad altre classi, portare nella libreria di quartiere perché venga visto da chi passa di là o spedirlo all'Assessore alla Cultura del vostro Comune, per dimostrare il vostro impegno a comprendere che essere uguali è riconoscere il diritto a tutti di essere diversi.

INDICE DEL LESSICO